三頭立て獅子舞

その歌と芸能の世界

飯塚 好
IIZUKA Miyoshi

文芸社

はじめに

獅子舞の調査を始めて最初にまとめたのが「獅子舞―基本構造と多様性―」（『埼玉県立文化センター　研究紀要創刊号』一九八四年）である。

埼玉県内の獅子舞を中心にまとめたものであり、調査を始めて二、三年であり、その時には埼玉県内で獅子舞を行っていたのが、二百ヶ所前後である。

これらの獅子舞を理解する方法は何かということが課題であった。芸能の内容、芸能が行われる時期、芸能が関わる儀礼などである。

その後、芸能の調査は継続して行ってきた。その成果が『三頭立て獅子舞　歴史と伝承』（おうふう　二〇一三年）である。最初の論考以後、ほぼ三十年経過している。

それ以降も調査を継続してきた。秋田県の獅子舞についても、秋田県立図書館等の文献調査も行ってきた。獅子舞の調査を始めて四十年程になる。関東・東北の三頭立ての獅子舞を歴史的変遷などを含めての記述ができれば、最善である。しかし、埼玉県内の二百数十ヶ所の獅子舞の歴史的変遷を記述することだけでも難しいことが分かってきた。

そこで、比較研究という観点から、獅子舞という芸能、その芸能においてうたわれる歌についての比較研究は可能ではないかということで、関東・東北地方の獅子舞全体を対象にすることにした。

特に、秋田県内の「ささら」といわれる獅子舞は、歌が数多く歌われる。佐竹氏の茨城から秋田への移封に伴い、「ささら」という獅子舞が行われるようになったのは、伝承でもみられるとともに、文献としても明らかである。秋田県内の「ささら」といわれる獅子舞が、江戸時代初期には行われていたことが文献で明らかであり、秋田県内の「ささら」から始めることが妥当であると思われる。

また、秋田移封前の茨城県の獅子舞を考える時には、秋田県の「ささら」などが重要であり、秋田県の「ささら」などを茨城県周辺の関東各都県の獅子舞との比較が重要であり、意味があると考えられる。そのため、現在の茨城県の獅子舞や千葉県の獅子舞については考察の対象外であり、栃木県の獅子舞では対象になるのが一部の獅子舞になっている。

それに、前記の『三頭立て獅子舞　歴史と伝承』で取り上げた歌が多くうたわれる獅子舞でも取り上げていない獅子舞がある。山形県米沢市の獅子舞も取り上げていないが、歌全体を考えての比較が難しかったりするためである。群馬県の獅子舞では、歌が多くうたわれる獅子舞でも、取り上げていない獅子舞があるが、それは取り上げている獅子舞との共通性があるためである。

最後に、凡例として、本文で頻繁に出てくる「廻る」と「回る」についてである。「廻る」は主に三頭の獅子がともにまわる時に使い、「回る」はそれぞれが体を回転させる時に使っている。「おかざき」については、所役の名称、演目の名称や演目の一部の名称として使われており、「オカザキ」や「岡崎」として表している。

その他、「ささら」「ササラ」、「掛かり」「掛り」など、同じ言葉で表記方法が違うものがあるが、なるべく参考文献の表記に合わせているため、統一されていない場合がある。

目次

全体のまとめ　

第一章　秋田県のささら・獅子踊り

秋田県内のささら・獅子踊りは、各地域で佐竹氏の秋田への移封との関わりで語られることが多い。

『梅津政景日記十五』（注1）では、寛永四年（一六二七）七月十四日には「御城へ罷出、さゝら見物」とあり、『政景日記十七』の寛永六年七月十四日には「御城へ給人町より罷出候編木四組、石町さゝら壹組、…」とあり、七月十五日には「昨日も今日も芳ゝ躍・編木不残参候」とある。

『政景日記十九下』の寛永八年七月十五日には「さゝら五組　御城上ル、御廣間之前ニ而　御見物」とあり、「外記知行新田村より師子おとり有り」とある。『政景日記二十』の寛永九年七月十四日には「編木六頭有り」とある。

『政景日記』でもみられるように、ささらや獅子踊りの記述により、茨城から秋田への佐竹氏の移封との関わりが明らかであり、三頭立ての獅子舞について考える時に、まず秋田のささら・獅子踊りについてまとめ、それを踏まえて、特に関東の獅子舞との比較をすることが有意義と考えられる。

一　ささら・獅子踊りの巻物などの文書

最初に、ささらや獅子踊りの巻物や文書をみていくことにする。

1　大仙市・長野ささら（注2）

「（前略）我国慶長七年佐竹公遷封出羽国秋田砌民心未服其徳途中頗険悪也、依而獅子大王厳修故実獅子頭造三頭使獅子冠者、途中先駆也又曰奏楽舞曲陣中慰安矣従是此舞曲伝諸方遂至為年中行事云々舞曲有四様曰丸切立踞暇

免状之事

一、小太刀・刀鎌棒天心流奥義伝授之處師範可勝手事

八幡大菩薩

摩利支天尊

誓而不可有他言者也

仍如件」

この巻物は慶長七年（一六〇二）の佐竹公との関わり、「舞曲四様」とあり、行われてきた演目、丸切り、立ち、

踞《ねまり》（供養ざさら）、なでわたり、について書かれていて、現在行われているささらとの関わりがみられる。そして、文書中に「免状之事」があり、最後に「誓って他言をしてはいけない」とあり、この巻物が免許の文書でもあることが分かる。

2　大仙市・東長野ささら

盆の獅子踊り由来（注3）

「（前略）

宮

その神の御名を歌う、大切りに伝あり、小切りに同じ、太刀を使う、狂い獅子、出家沙門その名寄せ等を歌う、踊はそのせつ〳〵たるべし、長刀を使うとなり

家

其家を祝い吉相の模様をうたう、踊り勝手たるべし、岩くだけ笠の下、墓、灯籠、せがき何れ師の心にあり口伝

棒

れんぼ、笠の下、外勝手たるべし

（中略）

弔獅子の伝

弔のため獅子踊を願う人あらば、その庭に向い、位碑を机の上に置き香華を供へ頭取上下を着し袴にても苦しから

ず、（中略）
右は水戸御城下の内新町佐太郎と云いし者五代打続き師匠を致し、その孫岩沢佐助と言ふ者慶長七年御国替の節お供して下り御国中へ相伝す
大獅子色黒し
中獅子色青し
女獅子色赤し
装束口かけ、袴、太鼓その外ふり付け、ささらにからす杯とてさまざま其の師の心にまかせり
元和九年　亥七月　　佐助」

とある。

元和九年（一六二三）と具体的な年号があり、岩沢佐助という人が慶長七年に来てささらを伝えているということが重要である。

それに、ささらを行う場である神社、個人の家、それに弔い獅子についても書かれ、現在行われているささらとの関わりが明白である。

3　仙北市・戸沢ささら（注4）

「（前略）鹿の子三頭が四節の拍子を揃え踊った。これを『ねまりざさら』と名づけて毎年七月七日鹿三頭、太鼓三

掛、花笠七蓋、ざい、こうかけ、かねきり一人、山からす一羽、つきざさら二人、笛ふき二人、棒十一人、唄二人で『ささら』を踊ったのである」

この巻物は、永禄六年（一五六三）のものを慶長年間に里東茂木藤四郎が筆写したものという。しかし、昭和九年に焼失してしまった。

焼失した巻物の内容は、「ねまりざさら」と書かれ、ササラの所役である、鹿三頭、太鼓三掛、花笠、ざい、こうかけ、かねきり、山からす、つきざさら、笛吹き、棒、唄とあり、伝承されてきた内容と一致している。

4　大館市松木の獅子踊り

大関東流唐獅子踊目録（注5）

「（前略）

享保廿季卯七月吉日

礼式

一、第一、笛の役の事

（中略）笛は音楽に重き道具なる故上なり。よく〳〵笛の調子早からず遅からず、具合拍子肝要なり

一、第二、歌の役の事

歌役人はたとへば、二人にても三人にても、乃至五人にても歌の節章大目にうたふべし

一、第三、花笠の役の事

十人なりとも八人にても六人なりとも四人にても、其庭の左右に、二行に立へし

一、第四、笹らの役の事

きんかひ役と同前に獅子の先に立て庭に入るべし

一、第五、きんかひ役の事

ささら役と同前なるべし

歌の事

場入まいりの事

一、まはら《（れ）》〳〵水車、早くまへ《ママ》りて宿にとまれや

一、参り来て是のお庭を見申すに、黄金小草は足にからまる

一、参り来て是のおちぼ《（坪）》を見申すに、牡丹、芍薬、常夏の花

一、朝草を桔梗かるかやかりまぜて、是のお庭ハ花で輝く

一、是のお庭に一村《ママ》すすきなけれとも、めししかくしとられた

一、是のお庭に朝きりおりて、こゝに女しし

一、風にかすみはふきはらい、今こそ女しし逢やうれしき

一、立鷺や跡を思は《ママ》たちかぬる、水にごして立

一、笛吹の年はいくつか、年は九つ、ふへ

一、つばくらのとんば《（ぼう）》らかへりはおもしろや　羽さき揃ハいざいざかへれ

一、国からもいそきもとれと使は来る、御暇申ていざかへれ

一、太鼓の胴をきりきりとしめて、ささらをざっくりとすり納めだ

外口伝の礼歌

（省略）

獅子出合の時の事

（省略）

踊目録

一、橋懸踊　壱通　一、屏風懸踊　壱通　一、碁盤懸踊　壱通
一、友連踊　壱通　一、追翅踊　壱通　一、山懸踊　壱通
一、神前踊　壱通　一、伽藍踊　壱通　一、供養踊　壱通
一、獅子洞出踊　壱通　一、獅子忿《ママ》身踊　壱通　一、獅子座踊　壱通

都合十二通

外大事

一、神達踊　壱通　一、祈禱踊　壱通　一、開眼踊　壱通

以上三通極意三番大事可秘々々

外庭の事

卍　万字の庭の事　⊙　圓相の庭の事

右書外二箇所ハ大秘事口傳あり

太鞁胴寸法の事

一、太鞁洞長サ壱尺弐寸なり、是ハ年中十二ヶ月ヲ表ス

策之寸法の事

一、策の長サ九寸ニスルナリ　是は九品之浄土ヲ表ス
（後略）」

（後略）の最初には「右条々　大秘事タリト雖トモ　貴殿熱心不浅候故　不残令相伝候　弟子の器量に依て相伝可被致候者也」とある。

最後の文書はささらという名称ではなく獅子踊りである。文書のタイトルは「大関東流獅子踊目録」とあり、関東の獅子舞とのつながりが考えられる。

文書の内容は、最初に獅子踊りの所役である。笛の役、歌の役、花笠の役、笹らの役、きんかひ役について書かれている。

花笠の役についてみると、四人、六人、八人、十人と人数が多様であるとともに、庭の左右に二行に立つとある。しかし、現在は花笠をみることができない。

歌の内容が書かれているのは興味深く、最初に書かれている十二の歌は、秋田県内の長野ささら（大仙市）や道地（能代市扇田）のささら、それに、関東でも広く見られるものと共通しているものが多い。

「踊目録」とあり、「都合十二通」の中の、「橋懸踊」「屏風懸踊」「碁盤懸踊」など、関東で「掛かり物」といわれるものは、関東の獅子舞ではしばしばみられる。ただ、秋田の獅子踊りでは、「掛かり物」の名称で演目が独立していない。

「外大事」として三通りあるが、「神達踊」は、秋田のささらや獅子踊りでは、「神立」といわれているものと考えられ、この演目の内容は、関東の獅子舞で広くみられる、二頭の男獅子が一頭の女獅子を取り合う内容の「女獅子隠し」と共通している。

それに、太鼓の胴とバチの寸法が書かれていることが興味深い。埼玉県の一部の獅子舞の巻物では、バチの寸法が書かれている。

文書の終わり近くに、「弟子の器量により伝える内容が決まる」とあり、この文書では「免許状」とは書かれていないが、免許の文書といってもよい。

巻物などの文書を見てきたが、現在行われているささらや獅子踊りとの関わりが明白であるし、最後の文書は関東の獅子舞との関わりがある内容にもなっている。

続いて、秋田県内各地域のささらや獅子踊りについて歌を中心にみていく。

注

1　東京大学資料編纂所『大日本古記録　梅津正景日記』六・七・八（岩波書店　昭和五十九年）

2　『中仙町史　文化財編』（中仙町　平成元年）

3　注2書

4　『秋田の民俗芸能』（秋田県教育委員会　昭和三十八年）

5　『大館市史』第四巻（大館市　昭和五十六年）

二　秋田県内各地域のささら・獅子踊り

(一)「ささら」といわれる名称の獅子舞

1　能代市扇田道地《どうぢ》のささら

石川理紀之助の扇渕村『適産調』(注6)には、正保三年(一六四六)の「扇田作々楽《ささら》の古書付」がある。道地村の獅子舞のことが書かれ、棒・太刀のことについて、常陸にて行われていた一心流のことが書かれ、その内容について「左右、小手払、運きょう、追掛、幕からミ、ひつミ、下段のしや」と書かれている。

行列の図がある。それをみる。

羽織袴の二人は刀を差している。続いて、刀を差し手に棒状のものを持つ人、刀を差し肩に太刀を担ぐ人、女物の着物を着た花笠を被る人が四人、四人の手に持つものは、宝珠、扇、びんざさら、うちわである。三頭の獅子、笛二人、歌い手二人である。

文書の所役の中で、現在と異なるのは、花笠を被る人である。現在、花笠は手に何も持たない。

由来は、慶長七年(一六〇二)佐竹義宣《よしのぶ》公の水戸からの移封である。

ささらが行われる日時は、かつては旧七月七日、十三日から二十一日であった。今は八月の盆期間と九月一日の豊受大神宮の祭日である。

芸能の構成としては、棒使い、八人、二人一組で十数種。奴、十人以上が輪になって踊る。

八月十三日夜に神社で行われた「ささら」についてみる。

鳥居の所で二人の棒を持った人がいて、棒を交差させる（写真1－1）。獅子三頭は棒の後ろで踊る。

棒の二人が先導して、獅子三頭が鳥居から境内に入ってくる。時計回りに廻り、棒を持った二人が獅子三頭を脇に出す。

棒使いが、数種類の技を披露する（写真1－2）。棒の他に鎌を使うこともある。続いて獅子舞が始まる。

三頭の獅子は、初め三角形になり太鼓を叩く（写真1－3）。続いて、二頭と一頭に分かれ、向かい合って太鼓を叩いたり、背中合わせになって太鼓を叩いたりする。時計回りに廻りながら舞う。

「まわれや　くるま　水ぐるま　しずかにまわれや　水車」

「京から　下だる　唐絵の屏風　ひとえに　さらりと立ちまわす」が歌われる。

反時計回りに廻る（写真1－4）。三頭は三角形になり太鼓を叩く（写真1－5）。向かい合い舞う。

「まいりきて　これの　お庭を見申せば　南さがりの　ますがたのお庭」と歌われる。

三角で舞う。花笠が四人出てきて四隅に位置する。

三頭の獅子は花笠の周囲を廻る。一頭ずつ花の間で休む。

「思いもよらぬ　朝霧が降りて　ここに女獅子かくれた」

雌獅子は花の間で座る。三頭の獅子は花笠の間で休む（写真1－6、1－7）。

「うるし山の　風にかすみがふき払い　ここに女獅子　あおぎおこし」

雌獅子は花笠の間に入っている。花笠が散る。

「さあさあの中たち女じしおば　なにと尋ねて　おびきだした」

写真１－１　鳥居の所で棒が交差され、その背後で獅子が踊る

写真１－２　棒使いが技を披露する

写真１－３　三角形になり太鼓を叩く

写真１－４　反時計回りに廻る

写真１－５　三角形になり太鼓を叩く

写真１－６　獅子は花笠の間で休む。花笠は被っていない

写真１－７　花笠を被っているところ

写真１－８　雄獅子と中立・雌獅子に分かれて向かい合う

雄獅子と中立・雌獅子に分かれて向かい合う（写真1－8）。

「ふるみさえ　女じし男じしの　ふるみさえ　しずかに心は　むよくなるもの」

三頭で時計回りに廻る。

「松にからまる　つたの葉も　縁でなければ　さらりとほごれる」

反時計回りに廻る。

「中立のまえまえ　中立なければ　中ぞしぐさる」

「中立の　腰にさしたる　しめこごも　おまふるんで　きょくさした」

「ひとつはねる　きりぎりす　つづいてはねるや　あえのはたおり」

三頭の獅子はバチを叩く。

「国からは　急ぎもどれと　文がくる　我等も見舞いて　家さかえろ」

三角になり舞う。

「つばくろの　とんぼかえりの　おもしろや　おいとまごいして　家さかえろ」

「太鼓のどうを　ぎりぎりとしめて　ささらはさらりとしりおさめる」

座って礼をして終わる（写真1－9）。

それから、奴の踊りが行われる（写真1－10）。

続いて、最初に行われた棒使いの技が行われる。また、獅子舞が行われる。

三頭の獅子は、太鼓を叩いて廻る。内側を向いて背伸びをする。

三頭の獅子は時計回りに廻る。

「まわれや　くるま　水ぐるま　しずかにまわれや　水車」

写真１－９　座って礼をする

写真１－10　奴の踊り

反時計回りに廻る。

「京から　下だる　唐絵の屏風　ひとえに　さらりと立ちまわす」

四人の花笠が出る。

三頭の獅子は花笠の周囲を廻る。それから、花笠の間を廻る。

「思いもよらぬ　朝霧がおりて　ここに女獅子かくれた」

三頭の獅子は花笠の間で休む。

「うるし山の　風にかすみがふき払い　ここに女獅子　あおぎおこし」

花笠が散る。

「さあさあの中たち女じしおば　なにと尋ねて　おびきだした」

中立ちと雌獅子は雄獅子に向かい合う。

「ふるみさえ　女じし男じしの　ふるみさえ　しずかに心は　むよくなるもの」

「松にからまる　つたの葉も　縁でなければ　さらりとほごれる」

「中立のまえまえ　中立なければ　中ぞしぐさる」

「中立の　腰にさしたる　しめこごも　おまふるんで　きょくさした」

「ひとつはねる　きりぎりす　つづいてはねるや　あえのはたおり」

三頭の獅子はバチを叩く。

「国からは　急ぎもどれと　文がくる　我等も見舞いて　家さかえろ」

三頭は三角形になり太鼓を叩く。

「太鼓のどうを　ぎりぎりとしめて　ささらはさらりとしりおさめる」

写真１－11　華唄が歌われる

続いて奴踊りが行われる。

最後に華唄が歌われる（写真１－11）。

「黄金代黄金代物積み上げて　我等に給わる過分なるかな」である。

以上が、調査の時に行われたささらであり、その時に歌われた歌である。

芸能が終わった後、幕納めをする。道具の整理と保管。酒が出て直会《なおらい》をする。

2　大仙市国見ささら（注7）

由来は、佐竹氏秋田移封の時、水戸より移り、さらに角館の佐竹支族が創作したという。

行われる日時は、明治以前は旧六月二十日から七月二十日。現在は七月二十日から八月二十日である。

ささらの所役は、獅子舞子三人、笛吹き三人、ぼんぼり四人、棒使い四人、唐団扇振り一人、謡一人、巻物奉持者一人、カッキリ一人である。

獅子は腰太鼓をつけ、腰ざしをさす。カッキリはびんざさらを持つ。
行列は、のぼり、ぼんぼり、棒使い、唐団扇、カッキリ、獅子、笛吹きの順である。
演目は、かんだち、かぐら、れんぼ、ねむり、はちわりである。
歌は以下の通りである。

丸切り
廻りは来る、廻りは来る。続いて廻れや
享保で御藩唐絵の屏風一重さらりと

大切り
昔より五七三七初め置き、今は関東の水戸のささらよ
朝草に桔梗苅萱刈りまぜて、これのおうまや花で輝く

半丸切り
思はば外に霞が下りてそこで女獅子はうれしやなア、
風に霞が吹き払え、今こそ女獅子は、
松島の松にからまるつたの葉も、お縁がなければ、
獅子の子は、生まれて落ちれば頭振る、女獅子男獅子と
太鼓の胴をきりゝと締めて、編木をさらりと

獅子納めの歌
唐獅子は世界の悪魔を従えて、此処の館で幕を切り候

である。

3　大仙市東長野ささら（注8）

由来は元和九年（一六二三）の巻物があり、

「水戸御城下の内新町佐太郎と云いし者五代打続き師匠を致し、その孫岩沢佐助と云う者慶長七年御国替の節、お供して下り御国中へ相伝す」とある（写真2－1）。

日時は旧七月十三日から二十日、現在新暦盆八月七日から十九日、それに獅子納めである（写真2－2）。

獅子納めは、別雷《わけいかづち》神社に「ねむりざさら」を奉納してから拝殿に上がる。舞の代表が黒獅子頭を持って「霊鎮め」の舞を行う（写真2－3、2－4、2－5、2－6）。黒獅子は雄獅子である。

なお、東長野ささら保存会から写真提供を受けた。

行列で所役をみると、払い棒、オーセー（福禄寿）、ザッツァカ、獅子、笛吹き、唄上げである。

演目は、「雷」（かんだち、悪魔払いのささら）、「恋慕」（礼のささら）、「踞《ねまり》」（神仏の供養のささら）である。

ささらの演目の「雷」（かんだち）と「恋慕」についてみる。

雷

払い棒、オーセーが場所を定めながら踊り、獅子を導く。

前に二頭の雄獅子、後ろに女獅子が三角形になるように位置する。

写真２－１　佐助の碑へ奉納（移転竣工式において）

写真２－２　８月18日、鄭蔵院への奉納

写真２－３　獅子納め、なで渡り

写真２－４　獅子納め、別雷神社へ奉納

写真２－５　獅子納め、「霊鎮め」の舞

写真２－６　獅子納め、「霊鎮め」の舞

「お目出度やおもしろや　海の中の薬師堂」

「御門の脇の小桜に　黄金の花が咲いたとな入りはよう」

三角形の形で太鼓を叩きながら左右に動いたり前進・後退したりする。太鼓を叩きながら時計回りに廻り、反時計回りに廻る。

「廻りは来る　廻りはくる　続いて廻れや」

「京都で御番　唐絵の屏風一重にさらりと」

と歌われる。

廻りながら太鼓の縁を叩き、

「昔より五七、三七始め置く　今は関東水戸のささらよ」

「朝草に桔梗かるかや刈りまぜて　これのお馬舎は花で輝く」

と歌われる。

女獅子が座る。その周りで雄獅子二頭が踊る。

「思はば外に霞が下りて　そこで女獅子は」

と歌われる。女獅子が立って三頭で踊る。

「うれしやな　立ちし霞吹き払い　ここで女獅子は」

と歌われる。

女獅子が座り、二頭の雄獅子は、向かい合ったり、背中合わせになったりして踊る。

女獅子は立って三頭で踊る。

「松島の松にからまるつたの葉よ　御縁がなければ」と、

「獅子の子は生まれて落ちれば頭振る　女獅子男獅子と」が歌われる。
「太鼓の胴をきりゝと締めて　編木をさらりと」と歌われる。
三頭は座ってバチを地面について礼をし、太鼓を叩く。
「お目出度やおもしろや　海の中の薬師堂」が歌われる。
そのあと、ザッツァカが踊る。
「恋慕」については歌を列挙する。

恋慕

丸切り
　廻りは来る　廻りはくる　続いて廻れや
　京都で御番　唐絵の屏風一重にさらりと
大切り
　昔より五七、三七始め置く　今は関東水戸のささらよ
　朝草に桔梗かるかや刈りまぜて　これのお馬舎は花で輝く
半丸切り
　天竺天皇村々鎮め矛先喩えて
　向い小山　小百合の花　蕾んで開けや
　日が暮れゝば女獅子のめざさに
（昼間）ちりかえる　お暇申せや

（夜間）我が国より急ぎ戻れと文が来た　お暇申せや
　太鼓の胴をきり、と締めて　編木をさらりと

である。

高橋藤一氏所蔵の「東長野ささら歌集」に収録されている「普通渡り歌」は次の通りである。

「成った成ったど　茄子成ったどなあー　一本さ百八茄子成ったどなあ」

「お寺の茄子木さ茄子なったどなあ　一本さ百八茄子成ったどな」である。

4　大仙市長野のささら（注9）

由来などは、慶長七年（一六〇二）佐竹義宣公が、水戸より秋田へ遷封の時、行軍の士気を鼓舞するため獅子舞をした。それを伝えたという（写真3－1）。

ささらが行われるのは八月七日から八月二十一日までの盆中である（写真3－2）。

獅子の行列は、黒獅子（雄獅子）、赤獅子（雌獅子）、青獅子（雄獅子）、笛、うたいあげなどである。

演目は「神立」や「恋慕」である。

神立

寺で行った「ささら」についてみる。

三頭の獅子が寺の本堂に向かい、縦に並んで太鼓を叩く（写真3－3）。

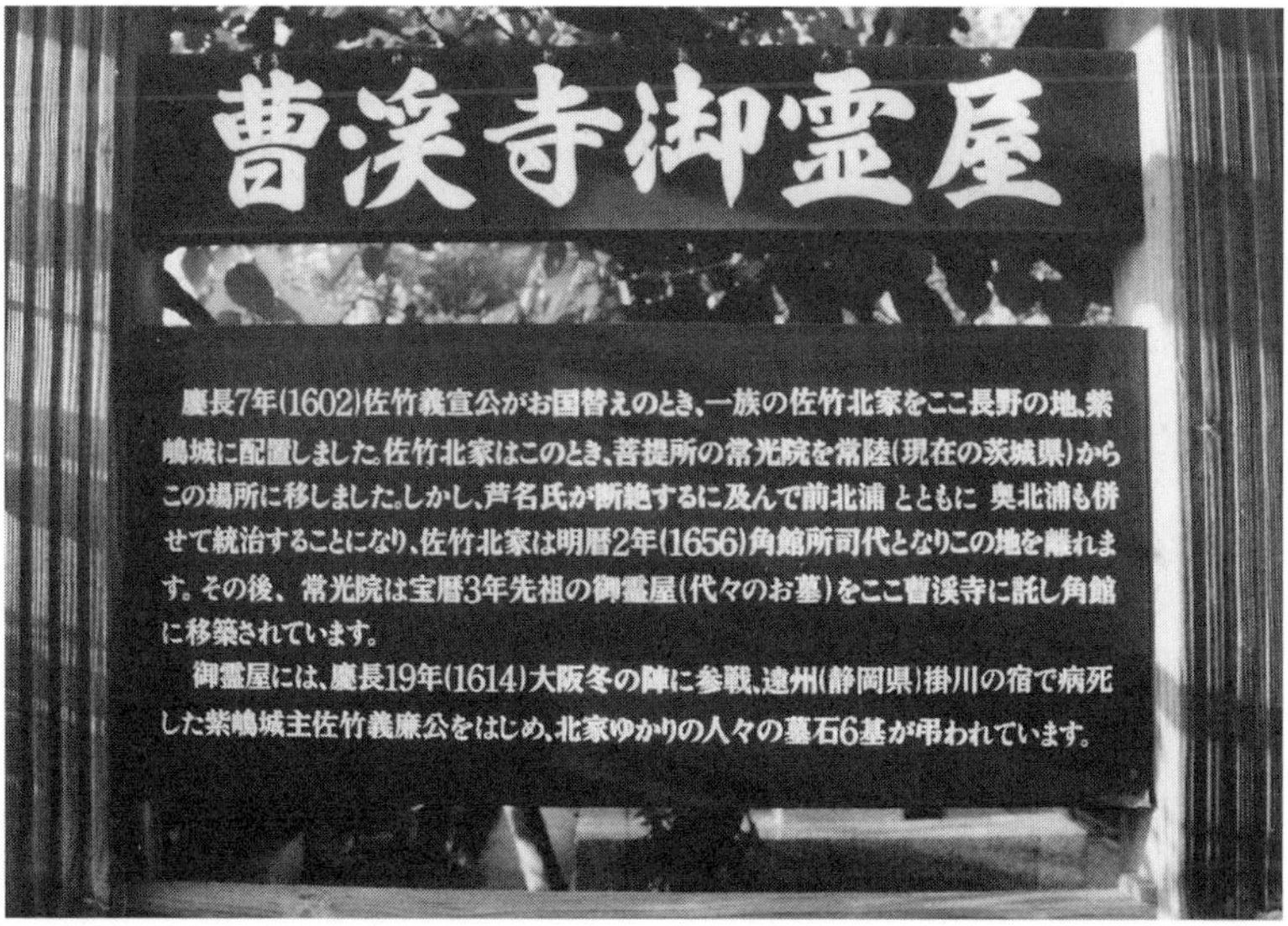

写真３－１　佐竹氏と曹渓寺の関わり

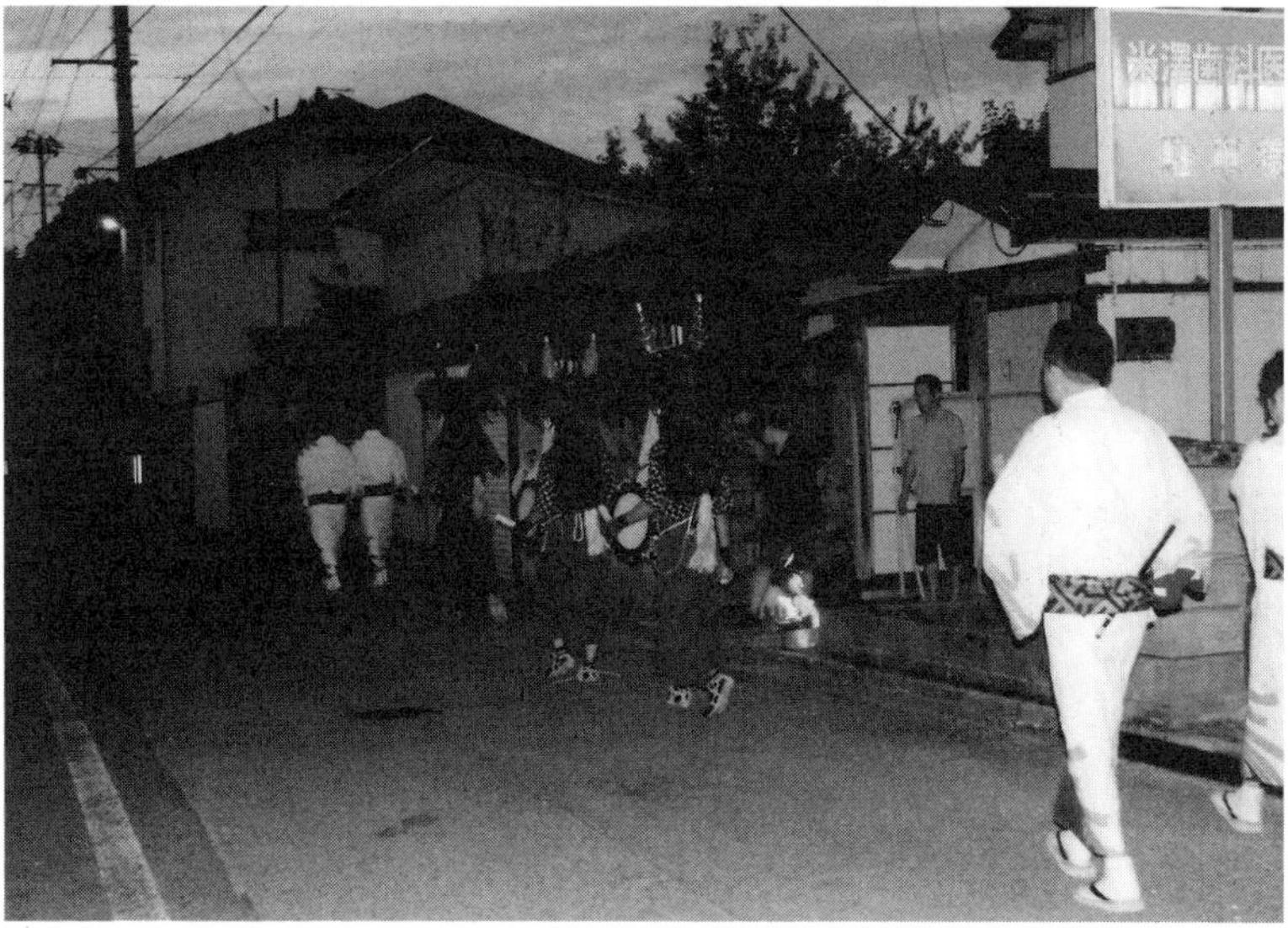

写真３－２　寺に向かう獅子の一行

写真３－３　寺の本堂に向かい縦に並び太鼓を叩く

写真３－４　三頭の獅子は三角形になる

写真３－５　獅子は左右に動き入り違いになる

写真３－６　反時計回りに廻る

「門の脇の小桜咲いたよな　黄金花が咲いたよな」と歌われ、最後に「オーレ」と掛け声がかかる。

太鼓を叩きながら左右に動く。足踏みしながら太鼓を叩く。

二頭の雄獅子が前に並び、後ろに雌獅子が立って三角形になる形である（写真３－４）。

太鼓を叩き、その場に座り、太鼓を叩く。立って、足踏みをしながら太鼓を叩き、その場で回る。太鼓を叩いて前進・後退をする。その場で回る。

雄獅子一頭、雄獅子と雌獅子が一緒に左右に動き、入り違いになる。三角の形に戻り、前と同じように、雄獅子一頭、雄獅子と雌獅子が左右に動き、入り違いになる（写真３－５）。

三頭の獅子は反時計回りに廻りながら太鼓を叩く（写真３－６）。

「廻れよ車　廻れよ車　続けて廻れ水車よ」と歌われ、時計回りに廻り、

「唐からくだる　唐絵の屏風　一重にさらりと」と歌われる。

時計回りに廻り、反時計回りに廻り、

「寺坂は　右《みぎ》り左《ひだ》りの　梅桜　中は大寺　鈴の音がする」と歌われる。

太鼓の縁・太鼓を叩きながら、反時計回りに廻る。内側を向いて片足跳びをしながら太鼓を叩く。反時計回りに廻りながら回る。

「たかとうや　誰が上げた　たかとうや　天に昼夜に輝く」

内側を向いて太鼓を叩く。反時計回りに廻りながら回る。

「思いの様なる朝霧晴れて　孝行の女獅子は　くようする」と歌われ、雌獅子は真ん中に座る。二頭の雄獅子は雌獅子の周りで踊る（写真３－７）。

「うれし山　風に霞は　ふきはらい　今こそ女獅子に害をする」と歌われ、

写真３－７　２頭の雄獅子が雌獅子の周りで踊る

写真３－８　３頭の獅子は座り、花歌が歌われる

三頭の獅子は座る。戴いた物の「花歌」が歌われる（写真3－8）。

「お盆おはつに　白金黄花　うえ揃えて　これをいただき　国の土産に」である。

三頭の獅子は立って太鼓を叩く。そして、雌獅子と黒が青に向かい攻撃し青は座る。歌は、

「男獅子女獅子　かくされて　孝行の中立　ぽろり」である。

次いで、雌獅子と青が黒を攻撃し、黒は座る。歌は、

「松島の松にからまる　つたの葉も　ごえんがなければぽろり」である。

続いて、

「れんげ花　つぼみし花をば　ぼんひらく」である。

三頭の獅子は反時計回りに廻り、

「一つはねるは　きりぎりす　続けてはねるは　あやのはたおり」と歌われる。

バチを叩いて、内側を向いて太鼓を叩き（写真3－9）のけぞる。

「笛ふきは　年は行き先　一つ半　年は九つ」

「西は山　東は海　滝の水　登りかねた」

三角の形で太鼓を叩く。

「太鼓の胴は　きりりとしめて　ささらのさらりとしりとめた」と歌われる。三頭は座って太鼓を叩く。バチを地面につける（写真3－10）。

立って、寺に背を向けて、縦一列になり太鼓を叩く（写真3－11）。

「大目出度いや　大目出度いや　近江の中の薬師堂」と歌われ、最後に「ソーレ」という掛け声になり、次の場所に移動する。

写真３－９　３頭の獅子は太鼓を叩く

写真３－10　３頭は座ってバチを地面につける

写真３－11　寺に背を向け、縦一列になり太鼓を叩く

この時も移動の道中で歌が歌われる。この時は聞き取れなかったが、いくつかあるのでそれを掲載する。

「向山の光り物は月か星か蛍か　月でもないし　星でもないし　しのぶ男のたいまつよ」

「なったとな　なったとな　そー一本に百八なったとなーそーお寺の茄子木に百八なったとさー」と歌われる。

恋慕

「神立」との違いは少ないが、全体についてみる。

三頭の獅子が縦に並び太鼓を叩く。最初の歌は、

「門の脇の小桜咲いたよな　花が咲いたよな」である。

縦に並び太鼓を叩き、三頭一緒に半回転して後ろ向きになり太鼓を叩き、半回転して前向きになり、足踏みしながら太鼓を叩く。左右向いて太鼓を叩き、前を向いて足踏みしながら太鼓を叩き、左右に少し動いて太鼓を叩いたりする。

同じことを三回繰り返す。

前に雄の獅子二頭が並び、後ろに女獅子が、三角になる形である。

雄獅子は前後左右に動き、女獅子は左右に動く。三頭の獅子は座り、太鼓を叩く。太鼓を叩きながら獅子頭を左右に振る。

立って、三頭の獅子は三角の形から、雄獅子一頭、雄獅子と女獅子が一緒で、入り違いになり左右に動く。

三頭の獅子は反時計回り、時計回りに廻る時に、

「廻れよ車　廻れよ車　続けて廻れ水車よ」

「唐からくだる　唐絵の屏風　一重にさらりと」の歌が続けて歌われる。

三角形の形で太鼓を叩き、その場で回る。

「参り来て　おれの館を　見申せば　七尺かもえに　槍が五万本」と歌われる。

太鼓の縁・太鼓を叩き、その場で回り、中央に集まり太鼓を叩き背を伸ばしのけぞる。

「五万本の槍を立て　国廻る　国の　あるじと人がいうなり」と歌われる。

時計回りに廻り、それぞれがその場で回る。中央に出て太鼓を叩きのけぞる。反時計回りに廻りながら回る。

「思いの様なる朝霧晴れて　孝行の女獅子は　供養する」と歌われる。

雌獅子が座り、二頭の雄獅子が雌獅子の周りを踊る。

「うれし山　風に霞はふきはらい　今こそ女獅子に害をする」と歌われる。

三頭の獅子が座り、太鼓の縁・太鼓を叩く。

花歌が歌われる。

「お盆おはつに　白金黄花　うえ揃えて　これをいただき　国の土産に」である。

三頭の獅子は立って、雌獅子と黒の雄獅子が、青の雄獅子を攻撃し、青の雄獅子は座る。青の雄獅子は立って、三頭は反時計回りに廻りながら回る。

「男獅子女獅子　かくされて　孝行の中立　ぽろり」と歌われる。

雌獅子と青の雄獅子が黒の雄獅子を攻撃し、黒の雄獅子は座る。黒の雄獅子は立って、三頭が反時計回りに廻りながら回る。

「松島の松にからまる　つたの葉も　ごえんがなければほろり」と歌われる。

続いて「れんげ花　つぼみし花をば　ぼんひらく」と歌われる。

三頭の獅子は向かい合い、太鼓を叩く。

「一つはねるは　きりぎりす　続けてはねるは　あやのはたおり」

と歌われ、三頭の獅子は中央に集まり太鼓を叩きのけぞる。

「つばくらの　とんぼがえるも　面白や　我らもみやこで」

と歌われ、三頭の獅子は中央に集まり太鼓を叩き、反時計回りに廻る。

「西は山　東は海　滝の水　登りかねた」と歌われる。

三頭の獅子は三角形の形で足踏みしながら太鼓を叩く。

「太鼓の胴は　きりりとしめて　ささらのさらりとしりとめた」

と歌われ、足踏みしながら太鼓を叩く。その場で回る。

座って左手のバチを地面につき、右手のバチで太鼓を叩く。両手で太鼓を叩く。

立って、縦に並び、

「大目出度いや　大目出度いや　近江の中の薬師堂」と歌われる。

5　仙北市白岩のささら（注10）

ささらは盆を中心に行われる。行列で所役についてみる。先払い二名、ぼんぼり一名、旗持ち一名、唐神一名、大将一名、刀持ち一名、棒使い数名、十束一俵、鋏箱一名、唐団扇一名、ザッザカ一名、黒（雄獅子）、赤（雄獅子）、緑（女獅子）である。

各演目についてみていく。

恋慕

雄獅子二頭が前に並び、後ろに女獅子とザッザカが並び四角に位置し、太鼓を叩く。左右に動き、反時計回りに廻り、時計回りに廻る。内側を向いて太鼓を叩いたり、それぞれが回りながら廻ったりする。前と同じ四角の形になり、前を向いて太鼓を叩く。

座り太鼓を叩く。立って太鼓を叩き、座って太鼓を叩く。

立って太鼓を叩き太鼓の縁を叩く。反時計回りに廻りながら回る。廻り返す。太鼓を叩き太鼓の縁を叩く。

「廻りは来る　廻りは来る　続いて廻れや」と

「京都で御番　唐絵の屏風　一重にさらりと」が歌われる。

中央に集まり太鼓を叩く。反時計回りに廻り太鼓を叩く。時計回りに廻る。

「まいり来て是のおつぼを　見もやせば　お堀九つ門七つ　中で遊ぶは鶴と亀」と歌われる。反時計回りに廻りながら回り、廻り返す。同じことを繰り返す。

太鼓の縁を叩きながら中央に集まり戻る。反時計回りに廻り、時計回りに後退する。

歌が歌われる。

「昔より五七、三七始め置く　今は関東水戸のささらよ」

四角の形になり、太鼓の縁を叩き、太鼓を叩く。その場で回る。左右に動き、向かい合い、その場で回る。その間太鼓の縁、太鼓を叩く。反時計回りに廻りながら太鼓を叩く。

「天竺天王　村々鎮め　矛先そろえて」と
「向い小山　小百合の花　つぼんで開けや」と歌われる。

四角の形になり太鼓を叩き太鼓の縁を叩く。バチを叩く。反時計回りに廻り太鼓を叩き縁を叩く。

「ひとつはねるはきりぎりす　続いてはねろよ」と歌われる。

四角の形になり、太鼓を叩き縁を叩く。そしてバチを叩く。反時計回りに廻り、

「我が国より急ぎ戻れと文が来た　おいとま申せよ」と歌われる。

四角の形になり、太鼓を叩き縁を叩く。そしてバチを叩く。反時計回りに廻りながら太鼓を叩き縁を叩く。

「太鼓の胴をきりりとしめて　ささらをさらりと」と歌われる。

四角の形になり、前を向いて太鼓を叩き縁を叩く。座って地面にバチをつき礼をする。立って、太鼓を叩き縁を叩く。

ザッザカが離れ、三頭の獅子で反時計回りに廻りながら一頭ずつ離れ、女獅子が残り踊った後、ザッザカが踊って終わる。

神立

写真４－１　四角の形で左右を向いて太鼓を叩く

写真４－２　３頭の獅子が入り違う

四角の形になり太鼓を叩く。反時計回りに廻りながら太鼓を叩き縁を叩く。回りながら廻る。四角の形になり、左右を向いて太鼓を叩く（写真４－１）。

座って地面にバチをつき礼をし、太鼓を叩く。立って太鼓を叩く。座って太鼓を叩く。

立って、雄獅子二頭が前、後ろに女獅子で、三頭の獅子が縦に並ぶ。太鼓を叩き、横に動く。前の雄獅子は後ろ向きになり、雄獅子と女獅子に向かい合う。真ん中の雄獅子、端の雄獅子と女獅子が左右に動き入り違う。真ん中の雄獅子と端の雄獅子が入れ替わり、雄獅子と雄獅子・女獅子が向かい合う。その後、真ん中の雄獅子と端の雄獅子・女獅子が左右に動き入り違う（写真４－２）。

三頭の獅子は反時計回りに廻りながら太鼓を叩く。

「廻りは来る　廻りは来る　続いて廻れや」と「京都で御番　唐絵の屏風　一重にさらりと」と歌われる。

反時計回りに廻りながら太鼓を叩く（写真４－３）。時計回りに廻りながら太鼓を叩く。

「参り来てこれがお庭を見渡せば　白金小草足にからまる」

雄獅子二頭が前、女獅子が後ろで三角の形になる（写真４－４）。

雄獅子は前後に動き、女獅子は左右に動き太鼓を叩く。その場で回る。その場で太鼓縁を叩く。

「昔より五七三七始め置く　今は関東水戸のささらよ」と歌われる。

三角の形で内側を向き太鼓縁を叩く。バチを叩く。反時計回りに廻り太鼓縁を叩く。

「思はば外に霞がおりて　そこで女獅子は」と歌われる。

女獅子とザッザカは向かい合い伏せる。雄獅子二頭は太鼓を叩きながらその横を行ったり来たりする。

「うれしやな　風に霞が吹きはらへ　今こそ女獅子は」と歌われる。女獅子は少し離れた場所に行く。

二頭の雄獅子は太鼓を叩きながら、向かい合わせになったり、背中合わせになったりする。

写真４－３　反時計回りに廻りながら太鼓を叩く

写真４－４　三角形になる

写真４－５　最後にザッザカが踊る

黒の雄獅子が攻撃されて座る。また、立ってきて二頭の雄獅子は背中合わせになったり向かい合ったりして太鼓を叩く。また、その場で回ったりする。

今度は赤の雄獅子が攻撃され座る。赤の雄獅子が立って、緑の女獅子も加わり三頭の獅子で太鼓を叩きながら反時計回りに廻る。

「獅子の子は　生まれて落ちれば頭ふる　女獅子男獅子と」と歌われる。

反時計回りに廻りながら太鼓を叩く。

「松島の松にからまるつたの葉よ　御縁がなければ」と歌われる。

四角の形になり、太鼓縁を叩きバチを叩く。反時計回りに廻りながら太鼓縁を叩く。

「我が国より急ぎ戻れと文が来た　おいとま申せよ」と歌われる。

反時計回りに廻り太鼓を叩き、バチを叩く。

四角の形になり、太鼓を叩き、反時計回りに廻り太鼓を叩く。

「太鼓の胴をきりりとしめて　ささらをさらりと」と歌わ

れる。

四角の形になり、太鼓を叩き縁を叩く。座ってバチをつき礼をする。

立って内側を向いて太鼓を叩く。

女獅子が残り踊り、最後にザッザカが踊る（写真４－５）。

踞《ねまり》

唐神が出て獅子が出る。太鼓を叩き、反時計回りに廻りながら回る。

四角の形に位置する。座りバチをついて礼をする。立って左右に動く。

反時計回りに廻りながら太鼓を叩く。

「廻りは来る　廻りは来る　続いて廻れや」と「京都で御番　唐絵の屏風　一重にさらりと」と歌われる。

反時計回りに廻りながら太鼓を叩く。

「昔より五七三七始め置く　今は関東水戸のささらよ」が歌われる。

前に二頭の雄獅子、後ろに女獅子が三角の形になる。二頭の雄獅子は、太鼓を叩きながら前後に動く。女獅子は太鼓を叩きながら左右に動く。その場で回る。

反時計回りに廻りながら太鼓縁を叩く。

「思はば外に霞がおりて　そこで女獅子は」が歌われる。

三角の形に獅子が位置し、ザッザカがその真ん中に位置し、伏せる。赤の雄獅子、黒の雄獅子、緑の女獅子、ザッザカの順で動き出す。

「春駒ヤーヨー　庭の桜につなぎ込　駒回り勇めば花も散りそう　ソーリャ

駒回り勇めば花も散りそう」と歌われる。

三頭の獅子は太鼓を叩き出し、頭を振る。

立って、太鼓を叩き、反時計回りに廻りながら回る。

「たちさぎの後を思へばたちかねる　女獅子のめざさに」と歌われる。

反時計回りに太鼓を叩きながら廻る。

「山がらは山にはなれてよ　やつれてよこのお庭によ　羽を休めた　羽を休めた」と歌われる。

内側を向いて左右に動きながら太鼓を叩く。その場で回る。太鼓縁を叩く。

「松島の　松にからまる　つたの葉よ　ごえんがなければ」と歌われる。

四角の形になり、バチを叩く。反時計回りに廻り太鼓縁を叩く。

「太鼓のどうをきりりと締めて　ささらをさらりと」と歌われる。

四角の形になり太鼓を叩く。座ってバチを地面について礼をする。

反時計回りに廻りながら太鼓縁を叩く。

女獅子の踊りがあり、最後に、ザッザカ、唐神の踊りで終わる。

6　仙北市堂之口ささら（注11）

お盆中心に行われる。

唐神が出て踊り、三頭の獅子は、二頭の雄獅子は前に後ろに女獅子が三角の形に、三角形の真ん中にザッザカが位置する。太鼓を叩く。

三頭は時計回りに太鼓を叩いて廻る。

三角の形になり、その場で回り、座って礼をする。立って太鼓を叩き、座って頭を振り太鼓を叩く。立ってその場で回る。

時計回りに廻り、内側を向いて太鼓を叩く。三角になり左右を向いて太鼓を叩く。

時計回りに廻り、反時計回りに廻り、太鼓を叩く。

「廻りは来る　廻りは来る　続いて廻れや」と「京都で御番　唐絵の屏風　一重にさらりと」が歌われる。

時計回りに廻り反時計回りに廻り、太鼓を叩く。

「参りきて　これのお庭を見申せば　黄金小草足にからまる」と歌われる。

時計回り、反時計回りに廻りながら太鼓縁を叩く。

三角になる。

「思はず外に霧がおりて　そこで女獅子が」が歌われる。

左右に少しずつ動く。

「太鼓のどうをきりりと締めて　ささらをさらりと」が歌われる。

太鼓縁を叩く。座って礼をする。太鼓を叩く。立って太鼓を叩く。座って太鼓を叩く。

立って、時計回りに廻りながら太鼓を叩く。女獅子が踊りザッザカが踊る。

まとめ

秋田県内の「ささら」といわれる獅子舞の歌についてまとめをする。

「道地のささら」からみる。祭りなどで歌われた歌はすでにみた通りであるが、ここでは歌を歌った人が持っていた扇子に書かれた歌（注12）を全て取り上げる。

「大切り」で歌われる歌は、

「まわれや　くるま　水ぐるま　しずかにまわれや　水車」

「京から　下だる　唐絵の屏風　ひとえにさらりと立ちまわす」である。

続いて、「中切り」の歌は、

「なりをしずめて　おききやれ　森も林も　うぐいすしずまる」

「まいりきて　これの　お庭を見申せば　南さがりの　ますがたのお庭」である。

「女獅子かくるる時」の歌は、

「思いもよらぬ　朝霧が降りて　ここに女獅子かくれた」

「霧に女獅子かくされて　心ならずも苦しかる」

「男獅子こそ　辰巳の角にあおがれて　太鼓まくらに　声そなきかな」

「うるし山の　風に霞が吹き払い　ここに女獅子　あおぎおこし」

「さあさの中たち女獅子おをば　なにと尋ねて　おびきだしたよ」

「小切り」の歌は、

「ふるみさえ　女獅子男獅子の　ふるみさえ　しずかに心は　むよくなるもの」

「ししにつれづれかしらふる　女獅子男獅子の顔をならぶる」
「松にからまる　つたの葉も　縁でなければさらりとほごれる」
「中立のまえまえ　中立なければ　中そしぐさる」
「中立の　腰にさしたる　しめこごも　おまふるんで　きょくさした」
「ひとつはねる　きりぎりす　つづいてはねるや　あえのはたおり」
「旅つさきのあと思えばたつかねる　水もにごさぬ　たつしらさぎ」
「国からは　急ぎもどれと　文がくる　我等も見舞いて　家さかえろ」
「つばくろの　とんぼかえりの　おもしろや　おいとま申して　家さかえろ」
「太鼓のどうを　ぎりぎりとしめて　ささらはさらりとしりおさめる」

である。

それに、最後に「華唄」が歌われる。

「黄金代黄金代物積み上げて　我等に給わる過分なるかな」である。

歌の構成としては「大切り」「中切り」「女獅子かくるる時」「小切り」である。

「大切り」で歌われる歌は「まわれや　くるま（後略）」「京から下だる（後略）」で、続いて「中切り」では「なりをしずめて　おききやれ（後略）」と「まいりきて（後略）」と歌われ、続いて花の中に女獅子が隠れる時の歌になり、最後に「小切り」の歌が歌われる。

「小切り」の歌の最後は「国からは　急ぎ戻れと　文がくる（中略）家さかえろ」、続いて「つばくろの　とんぼがえりの（中略）おいとま申して　家さかえろ」であり、「太鼓のどうを　ぎりぎりとしめて　ささらはさらりとしりおさめる」で終わる。その後に華唄が歌われる。

続いて「東長野ささら」の歌をみていく。「雷」（かんだちという）からみる。

前に二頭の男獅子、後ろに女獅子で三角形になり、歌われる歌は、

「お目出度やおもしろや　海の中の薬師堂」と「御門の脇の小桜に　黄金の花が咲いたとな入りはよう」と歌われる。

続いて、時計回りに廻り、反時計回りに廻り、「丸切り」は、

「廻りは来る（後略）」「京都で御番（後略）」と歌われる。

続いて「大切り」は、

「昔より五七、三七始め置く　今は関東水戸のささらよ」と「朝草に桔梗かるかや刈りませて　これのお馬舎は花で輝く」と歌われる。

続いて、「半丸切り」で雌獅子が座る。二頭の男獅子が女獅子の取り合いをしたり、三頭一緒に舞う。歌は、

「思はば外に霞が下りて　そこで女獅子は」「うれしやな（後略）」「松島の松にからまる（後略）」「獅子の子は生まれて落ちれば頭ふる（後略）」である。

そして、最後に「太鼓の胴をきりりと締めて　編木をさらりと」である。

礼をした後、

「お目出度やおもしろや　海の中の薬師堂」が歌われる。

続いて「恋慕」の歌をみる。

「丸切り」「大切り」は「雷」と同じである。「半丸切り」は次の通りである。

「天竺天皇村々鎮め矛先揃へて」「向い小山　小百合の花　蕾んで開けや」「日が暮れゝば女獅子のめざさに」である。

続いて昼間は「ちりかえる　お暇申せや」で、夜間は「我が国より急ぎ戻れと文がきた　お暇申せや」である。

最後は「雷」と同じで「太鼓の胴をきりりと締めて　編木をさらりと」である。

続いて「長野のささら」の歌をみる。

「神立」の歌は、寺での場合、本堂の前で獅子三頭が縦に並び、

「門の脇の小桜咲いたよな　黄金花が咲いたよな」と歌われる。

三頭が廻る時になると、

「廻れよ車（後略）」「唐からくだる（後略）」と歌われる。

続いての歌は、

「寺坂は　右《みぎ》り左《ひだ》りの　梅桜　中は大寺　鈴の音がする」

「たかとうや　誰が上げた　たかとうや　天に昼夜に輝く」

と、寺に関する歌、盆に関する歌が歌われる。

「思いの様なる朝霧晴れて　孝行の女獅子は　くようする」

の後、女獅子は座り、二頭の男獅子は女獅子の周りで踊る。

続く歌は「うれし山　風に霞は　ふきはらい　今こそ女獅子に害をする」で、三頭が座り、花歌が歌われる。

「お盆おはつに　白金黄花　うえ揃えて　これをいただき　国の土産に」である。

三頭は立って踊る。女獅子の取り合いである。歌は、

「男獅子女獅子　かくされて　孝行の中立　ぽろり」

「松島の松にからまる　つたの葉も　ごえんがなければぽろり」

「れんげ花　つぼみし花をば　ぼんひらく」である。

続いて三頭一緒に踊る。

「一つはねるは　きりぎりす　続けてはねるは　あやのはたおり」

「笛ふきは　年は行き先　一つ半　年は九つ」

「西は山　東は海　滝の水　登りかねた」である。

そして「太鼓の胴は　きりりとしめて　ささらのさらりとしりとめた」が歌われる。

縦一列になり、

「大目出度いや　大目出度いや　近江の中の薬師堂」と歌い次の場所に移動する。

興味深いのは、その後道中を歌いながら進むことである。その歌は、

「向山の光り物は月か星か蛍か　月でもないし　星でもないし　しのぶ男のたいまつよ」

「向山の七つ村に　みのとかさと　わすれたとなし」

「橋の下のしらなぶさ　人がかよえば　よじよじと」

「なったとな　なったとな　そー一本に百八なったとなー　そーお寺の茄子木に百八なったとさー」

「拾七八のそばによれば　心よせろか　気をやろか」

「西は山東に落つる滝の水　上まりかねたや」である。

続いて「恋慕」についてみる。

「門の脇の（後略）」「廻れよ車（後略）」「唐からくだる（後略）」は「神立」と同じで、続く歌、

「参り来て　おれの館を　見申せば　七尺かもえに　槍が五万本」

「五万本の槍を立て　国廻る　国の　あるじと人がいうなり」

は「神立」と異なる。

そして「思いの様なる（後略）」「うれし山（後略）」、花歌「男獅子女獅子（後略）」「松島の（後略）」「れんげ花（後略）」「一つはねるは（後略）」は「神立」と同じである。

続いて、

「つばくらのとんぼがえるも面白や、我らもみやこで」は異なり、「西は山（後略）」は同じである。

最後の「太鼓の胴は（後略）」「大目出度いや（後略）」は同じである。

「白岩のささら」の歌を「東長野のささら」と比較しながらみていく。

「恋慕」からみる。

廻りながら歌われる歌は、

「廻りは来る（後略）」と「京都で御番（後略）」は同じである。

続く「参り来て（後略）」は異なる。

続く「天竺天王（後略）」「向かい小山（後略）」は同じである。

続く「一つはねるは（後略）」は異なる。

続く「我が国より（後略）」「太鼓の胴を（後略）」は同じである。

「恋慕」は「神立」とは異なり、女獅子を取り合うことはない。

続いて、「神立」についてみる。

廻りながら歌われる歌は、

「廻りは来る（後略）」「京都で御番（後略）」で同じである。

そして「昔より五七三七（後略）」も同じである。

女獅子が伏せ、少し離れる時に歌われる「思はば外に（後略）」「うれしやな（後略）」は同じ歌である。

三頭で踊る時に歌われる「獅子の子は（後略）」と「松島の松にからまる（後略）」は同じであるが、「東長野のささら」は順が逆になっている。

最後の「太鼓の胴は（後略）」は同じである。

「ささら」の獅子舞では「神立」と「恋慕」があり、その他に「ねまり」や神楽などの演目がある。

注

6 『能代市史特別編　民俗』（能代市　平成十六年）
7 注４書
8 注２書と「雷」の記述は、平成二十五年製作のビデオ参照（国際教養大学地域環境研究センター企画製作）
9 注２書と「恋慕」の記述は地域創造「地域文化資産ポータル」参照
10 注４書
11 注４書
12 道地の扇子より

（二）大館地方の獅子舞

松木の獅子踊りの文書に、享保二十年（一七三五）の「大関東流唐獅子踊目録」（注13）があり、その中に所役の記述がある。

一、第一、笛の役の事
（中略）笛は音楽に重き道具なる故上なり。よく〳〵笛の調子早からず遅からず、具合調子肝要なり
一、第二、歌の役の事
　歌役人はたとえば、二人にても三人にても、乃至五人にても歌の節章大目にうたふべし
一、第三、花笠の役の事
　十人なりとも八人にても六人なりとも四人にても、其庭の左右に、二行に立へし
一、第四、笹らの役の事
　きんかひ役と同前に獅子の先に立て庭に入るべし
一、第五、きんかひ役の事
　ささら役と同前なるべし

笛の役の重要性について触れている。歌の役は数人である。花笠は、四人、六人、八人、十人とある。それに、「ささら」と「きんかひ役」がある。

踊目録は、都合十二通で、他に大事な、「神達踊」「祈禱踊」「開眼踊」とがある。十二通りの中に、関東でみられる「掛かり物」といってもよいものがあり、それを列挙する。「橋懸踊」「屏風懸踊」「碁盤懸踊」「山懸踊」などである。

以下、文書で見られる所役と演目などを中心に、大館地方の獅子踊りについてみていく。

1　大館市谷地町の獅子踊り（注14）

獅子踊りを行うのは「金比羅神社のお祭りと大舘神明社の祭り、それにお盆の時で、臨時に雨乞いのために踊ることもあった」とある。

獅子は男獅子、女獅子、中獅子と呼ばれる。それに奴と棒がつく。明治まではササラスリがつき、昭和の初期までは万歳も行われた。笛は三、四人である。

踊る場所につくと、行列はその場所を一廻りして場所を定める。その時には「行列の太鼓」を打つ。場所が定まると「八つ払い」になる。場所を清めるもので、棒使いが踊りながらタスキ掛けをする。棒をクルクル回して終わりになる。

奴の踊りは、扇を使う扇奴、綾を持って舞う綾奴、太刀で踊る奴がある。棒は、棒二人で行うもの、太刀と棒で行うものがある。

続いて獅子踊りが行われる。

最初に「三つ山」である。椀を三つ置いて、それを三つ山に見立ててその周囲で踊った。続いて、「大春の曲」「小春の曲」で、里に出るまでをかたどる。

続いて歌が入る。

「廻レヤ水車　水車オソク廻レバセキノ止リダヨ」

「参リ来テ是レノ　ヤーイ　御庭ヲ見申セバ　四方　ヤイ　切石枡形庭　ヤイ　枡形ノ庭」

「有レカラ是レマデ太鼓ヲ早メロヲヨイイ　太鼓ヲ早メロヨ」

終わると笛のテンポを速める。

「十三カラ連レテ下ッタ女獅子ヲバ　此ノ御庭ニカクシトラレタヨ」

男獅子と中獅子が争い、男獅子を押さえる。中獅子と女獅子の踊が行われ、男獅子もそれに加わる。

「何ントカクシタ女獅子ヲバ　一倉ウシキノ陰ニ居タモノヲ」

中獅子と男獅子が争い、男獅子が中獅子を押さえる。

「ソライ見シ男獅子女獅子ノソライ見シ　今コノ心ハ花ノ都ダヨ」

三頭の獅子は仲良く一緒に山に帰っていく。

「差シカサノ四マタ御駒　ヤサ　駒ガ出テ　オセシオサレス駒ノ勇ミダヨ」

「一ツハネロキリギリス　続イテハネロヨ愛ノハタオリダヨ」

「火傷ノ兎ハ何ニ見テハネル　十五夜ノ月見テ水ハネダヨ」

の歌が続き、三頭の獅子で踊る。

「急ギモドリ御上ガクル　御イトマ申ソカ家サ帰ロカ」

「太鼓ノ道具ハギリギリトシメテ　ササラヲジャッキト尻オサメダヨ」

最後に花の礼の唄が歌われる。

「上ゲタ花　吾等ニ下サル有難タヤ　オソレヤイナガラモ国ノ土産ノ　ヤイ　国ノ土産ヨ」

「花」（祝儀）のついた笹を持って拝礼する。

以上が獅子踊りの内容である。

今はないが、以前は胸に小太鼓をつけて叩いていたという。

2　大館市白沢獅子舞（注15）

一年の踊り初めは産土様に豊作祈願をし、旧盆十三日に集落の墓前で、その後盆中連日行った。

獅子舞の所役には、獅子、棒、奴、囃子としては笛・太鼓があり、万歳、ササラスリがある。

棒・太刀では、長棒と長棒、長棒と太刀、鎌と太刀、半棒と半棒、半棒と太刀がある。

奴は、扇奴、中島奴、もみず奴、椿奴、かざぐり奴、あやの三拍子、あやの五拍子、あやの三切、刀の三拍子、刀の五拍子、廻り白羽、からす奴がある。

獅子舞は、追いがけ、橋がけ、山がけ、友連れ、ごばんがげ、花踊りがある。

昭和初期に歌われた歌は、

「マワレヤ車　メンジシ車　早クマワレヤ　世界ホマレダヨ」

「コレノヲニワヲニ　ヒトモトシシギハ　ナケレドモ　コーコニメンズス」

「ウルシヤーノ　カーゼニカシキハ　フッキワラーデ　イマコソメンズス」

「モホノガーニ　アサギハヨーギニ　コーコニメンズス」

「松島ーノ　マッチニカラマル　チッタノハーセ　エンデナケレバ　サガリホ〇ガリオ」

「クニカラーノ　一ショニモドレハ　フンミハツーグ　ヲイトマモーセヤ　エダカエフーロ」

「チンバグラーノ　トンボンガエレヤ　オモシロエヤ　ササキヲソロエテ　エグタカエソーロ　タエゴノドーモ　ギリギリト　シメヤゲデ　ササラヲソロエ」

次に、掛りに伴う歌をあげる。

追がけ

「マエリキテ　コレノヲニワヲ　見モセバ　小ガネ小グサ　アシニカラマル」

橋がけ

「サテモミゴドタ　ハシカケヨ　イカナルオヒトハ　オウカケタヤラ　カケタオ人ハシエニ　ゴハンジョウ」

べウべがけ

「サテモミゴトダ　ブョウブガケ　イカナルオヒトハ　ヲタテヤラ　タテタオヒトノ　シエニナガサヨ」

ごばんがけ

「サテモメジラシ　ゴバンガゲ　イカナルヲヒトハ　ウチヲヤラ　ウッタオヒトノ　シエニミゴトヨ」

友連れ

「サテモミゴドダ　トモツレヨ　エツゴノゴトグ　ヒキツレテ　セケンヨカロト　トモニツレタヨ」

山ガケ

「サテモミゴドダ　山ガゲヨ　イカナルオ人ハ　タデタヤラ　タテタオヒトハ　シエゴハンジョウ」

現在行われる獅子舞をみる（注16）。

前二頭が雄獅子、後ろに女獅子で三角形の形になる。三頭が縦に並ぶ。三頭が三角の形になる。内側を向いて踊る。その場で座る。立つ。座る。立って前を向いて踊る。反時計回りに廻る。

縦に並ぶ。橋が置かれる。三頭が橋を渡る。橋が除かれる。

三頭は三角の形になり、内側を向いて踊る。座って立つを繰り返す。前後に動く。中央に集まる。

雌獅子が座る。雄獅子二頭が雌獅子の脇を廻る。

雌獅子が立って、一頭の雄獅子と向かい合って踊る。雄獅子がもう一頭の雄獅子を転がす。雌獅子と雄獅子は一緒に踊る。踊っている間に雄獅子が入れ替わり、雌獅子と雄獅子が踊る。雄獅子がもう一頭の雄獅子をやっつける。倒された雄獅子が動き出し、三頭で踊る。縦になって踊り、終わる。

現在は、歌がほとんど歌われていない。

3　大館市粕田獅子舞（注17）

江戸時代の元禄年間（一六八八～一七〇四）初めに出羽三山の羽黒修験者により獅子踊り・奴踊り・棒術などが伝授され、毎年中秋十五夜に五穀豊穣を願い踊り継がれてきたと伝えられている。

その後、祖先の霊を慰め、豊作、村の安全を祈願するため、八月の盂蘭盆に墓地に奉納するようになったという。

所役は奴、棒術、漫才、獅子、ささらすりである。

奴は、扇奴が七種類、あや奴四種類、白刀奴が三種類ある。奴は子供たちが踊っている。棒術は二人で行う。漫才は現在行われていない。

昭和五十二年から五十四年頃に使用されていた扇子に書かれた歌を列挙する。

追込み
「フリを見ろや　牡獅子牝獅子の振りを見ろや　今こそ心は花の都だあよ」

大春子
「焼野のウサギは何見て跳ねた　十五夜のお月様見て跳ねたよ　も一つ跳ねろでァキリギリス　続けてハネろでァ綾のハタオリーよ」

小春子
「廻れでァくるま　女じし車　おそく回れでァ　せきの止まりだーよ」

岡関
「ここの谷をバ　見渡し申せバ　橋はつり橋　とぶに跳ばれず」
橋懸け
「十三になるからつれてくらした女獅子をば　ここのお庭でかくしとられたーよ」
牝獅子舞（大獅子）
「女じしをば　たずねあぐねた　一群すすきの　かげにいたものを」
牝獅子舞（中獅子）
「くにからの　お急ぎ戻の長くり　おいとま申せや　いざ帰ろーや」
大洛舞
「太鼓のどうはらを　キリキリとしめて　ささらをジャッキと　切り納だーよ」
花踊り
「この敷《やしき》の　萬の長者もあればこそ　つつみかくしてあげた花　おそれながらいただく　おそれながら里のみやげに」
角もぎ儀式の謡
「ししの子はヤエー　生まれて落ちれば頭ふる　嵐にもまれて　角もげた」である。

令和二年八月十三日の獅子踊り

この年は、コロナの影響で墓地だけで行った。
獅子舞の関係者が亡くなったので、その墓前で供養舞を行った（写真5－1）。

写真5－1　墓前で供養舞

写真5－2　反時計回りに廻りながら入ってくる

写真５－３　棒術を行う

写真５－４　内側を向いて座る

その後、村人全体の霊をなぐさめるために男獅子、中獅子、女獅子の順で拝んだ。棒を持つ人、男獅子、中獅子、女獅子の順で反時計回りに廻りながら入ってくる（写真5－2）。

六尺棒二人で棒術が行われる（写真5－3）。

続いて獅子舞が始まる。なお、獅子は太鼓をつけないし、バチも持たない。

三頭の獅子は、内側を向いて座る（写真5－4）。立って、前後に動く。

内側を向いて踊ったり（写真5－5）、時計回りに廻りながらそれぞれの獅子は回る。それを繰り返す。

獅子三頭は縦に並び、前に扇が置かれ橋に見立て、橋懸けが行われる。

男獅子が最初に橋に掛かり（写真5－6）、続いて、中獅子、女獅子が橋に掛かる（写真5－7）。最後に男獅子が扇を取る。

三頭の獅子は座る。次の歌が歌われる。

「焼野のウサギは何見て跳ねた　十五夜のお月様見て跳ねたよ　も一つ跳ねろでァキリギリス　続けてハネろでァ綾のハタオリーよ」である。

三頭の獅子は時計回りに廻りながら回る。

女獅子の取り合いが行われる。負けた中獅子は座る（写真5－8）。さらに二度負ける。

三頭の獅子は座る（写真5－9）。歌が歌われる。

「太鼓のどうはらを　きりきりとしめて　ささらをジャッキと　切り納だーよ」である。

三頭の獅子は時計回りに廻ってそれぞれも回る。前に男獅子、後ろに中獅子と女獅子で逆三角形の形になり前進する。その場で回り、礼をして終わる。

六尺棒と太刀での棒術が行われる。

写真５－５　内側を向いて踊る

写真５－６　男獅子が橋に掛かる

写真５－７　女獅子が橋に掛かる

写真５－８　負けた中獅子は座る

写真５－９　３頭の獅子は座る

写真５－10　花の枝を持って左右に振る

写真５－11　花の枝を持って転がる

花の紹介が行われてから花踊りが行われる。

前に男獅子、後ろに中獅子と女獅子が座る。三頭は花の枝を持って左右に振り（写真５－10）、転がる（写真５－11）。繰り返す。

前に男獅子、後ろに中獅子と女獅子で逆三角形の形になり前進する。その場で回り、礼をして終わる。

4　大館市蛭沢獅子踊り（注18）

獅子踊りの起源は安永年間（一七七二～八一）とも文化年間（一八〇四～一八）ともいわれる。津軽からの伝来説があり、豊作祈願、悪病除けのために行われる。

獅子踊りが行われるのは、盆の十三日と十六日で、十三日は墓と神社である。十六日には個人の家で踊る。

棒術、扇子舞（奴）、獅子舞などがあり、獅子舞の演目は、一ツ山、三ツ山、早橋、遅橋である。

獅子は雄獅子、中獅子、雌獅子である。太夫が数人いて、太夫頭が中心になる。太夫は歌を受け持つ。囃子は笛と太鼓である。

獅子踊りの内容（注19）

獅子の行列が芸能を行う場所に到着すると、最初に棒を持った者が棒を回しながら時計回りに廻る。これを「バナラシ」という。棒を持ったものが、三本目、腰車、地がらみ、行き違いを行う。続いて、扇を持った奴の芸がいくつか行われる。それから、綾を持った奴の芸が行われる。太刀を使った奴の芸もある。

続いて、獅子踊りになる。

三角の形で三頭の獅子が踊る。前に山（草を束ねたもの）が三つ置かれる。三頭の獅子は山の周囲を廻り、山の中で休む。

「マエリキテ　コレハ大山　ミモーセバ　タタ山トヲベアルナ　銭トコカネト　ワク山　カエシ　カエシ」

と歌われる（山は除かれる）。

三頭の獅子は向かい合って頭を左右に振る。立って、背中合わせになる。

「山ガラノ　山ニハナレテ　ヤツヅレテ　コレノオニワニ　カホ　ヤシメタエ」

その場で回り、内側を向く。回って内側を向く。バチを持ってバチ同士で叩く。三頭向かい合って、それぞれ回る。

「七ツカラ　八ツマテチレロデア　メヅシヨバ　コレノオニワニ　カクシトラレタエ」

男獅子同士で争い、片方がやられる。勝った男獅子は女獅子と踊る。

「ナニトカクシタ　メヅシヨバ　オズシ　ソロエテ　タヂネアルモノエ」

三頭の獅子が向かい合って踊る。

「ウレシガノ　天ニムラクモ　フキアゲテ　イマゴソ　メズシトアウト　ウレシサエ」

三頭向かい合って踊り、その場で回る。

「天ジュク天ノ　ムラムラ　ソソギ　ソーイキ　ソロエテ　キリカエソウエ」

三頭は時計回りに廻りながら座る。立って、その場で回る。背中合わせになる。

横一列になる。

「ワレガ国カラ　イソギモドリノ　フネガツク　オイトマモシュカ　イザカエショウ」

横一列で前進して終わる。

まとめ

大館地方の獅子踊りを、歌を中心にまとめる。

最初に大館市松木の獅子踊りの「大関東流唐獅子踊目録」に掲載されている歌をみる。

最初の歌が、

「まわら《(れ)》〳〵水車、早くまへ《ママ》りて宿にとまれや」であり、続いて、

「参り来て是のお庭を見申すに、黄金小草は足にからまる」

「参り来て是のおちぼ《(坪)》を見申すに、牡丹、芍薬、常夏の花」

「朝草を桔梗かるかやかりまぜて、是のお庭ハ花で輝く」

続いて、女獅子が隠れて見つかる内容である。

「是のお庭に一村《ママ》すすきなけれとも、めししかくしとられた」

「是のお庭に朝きりおりて、ここに女しし」

「風にかすみをふきはらい、今こそ女しし逢やうれしき」

続いて、

「立鷺や跡を思は《ママ》たちかぬる、水にごして立」

「笛吹きの年はいくつか、年は九つ、ふへ」

となり、終わりの歌になる。

「つばくろのとんばら《(ぼう)》かへりはおもしろや　羽さき揃ハいざいざかへれ」

「国からもいそぎもとれと使は来る、御暇申ていざかえれ」

「太鼓の胴をきりきりとしめて、ささらをざっくりとすり納めだ」となる。

これら松木の歌を大館市とその周辺の獅子踊りの歌と比較する。

「大館市谷地町の獅子踊り」からみていく。

「廻れや（後略）」の歌は類似したものである。

続く「参り来て　是の御庭を見申せば」までは共通しているが、その後に続く内容が異なっている。

女獅子が隠れる内容の歌は、

「十三から連れて下った女獅子をば　此の御庭にかくしとられたよ」と続く。

「何とかくしためししをば　一倉うしきのかげにいたものを」は内容の一部が共通している。

次の歌は、これまでにみられない。

「そらい見し男獅子女獅子のそらいみし　今この心は花の都だよ」

続いて山に帰っていく歌、

「差しかさの四また御駒　駒が出て　おせしおされす駒の勇みだよ」

「一つはねるはきりぎりす　続いてはねろよ愛のはたおりだよ」

「火傷の兎は何見てはねる　十五夜の月見て水はねだよ」がある。

終わりの歌は類似していると考えられる。

「急ぎもどり御上がくる（後略）」「太鼓の道具は（後略）」である。

花の礼の歌がある。

「上げた花　吾等に下さる有難たや　おそれやいながらも国の土産の　国の土産よ」であり、「花（祝儀）」のついた笹を持って拝礼する。

この地方の獅子踊りは、「ささら」といわれる獅子舞と異なり、関東地方などでみられる掛りものがある。

それらに関わる歌は、白沢の獅子踊りでは、
橋がけ
「さても見事だ　橋かけよ　いかなるお人は　おうかけたやら　かけたお人はしえに　御繁盛」

屏風がけ
「さても見事だ　屏風がけ　いかなるお人は　をたてやら　立てたお人の　しえにながさよ」

友連れ
「さても見事だ　友連れよ　えつごのごとぐ　引き連れて　世間よかろと　友に連れたよ」

山がけ
「さても見事だ　山がけよ　いかなるお人は　たでたやら　たてたお人は　しえ御繁盛」

粕田獅子舞は花踊りの歌と、角もぎ儀式の謡についてみる。

花踊りは、

「この敷《やしき》の　萬の長者もあればこそ　つつみかくして上げた花　おそれながらいただく　おそれながら里のみやげに」である。

角もぎ儀式の謡は、

「獅子の子はヤエー生まれて落ちれば頭振る　嵐にもまれて角もげた」というものである。

蛭沢の獅子踊りの歌もみていく。この歌もひらがなと間違えない範囲で、漢字で表記した。

前に山が置かれ、周囲を廻る。

「まえりきて　これは大山　みもーせば　たた山とをべあるな　銭とこかねと　わく山　かえし　かえし」

山が除かれ三頭一緒に舞う。

「山がらの　山にはなれて　やつづれて　これのお庭に　かほ　やしめたえ」

「七つから　八つまてちれろであ　女獅子よば　これのお庭に　かくしとられたえ」

男獅子同士で争い、

「なにとかくした　女獅子よば　男獅子　そろえて　尋ねあるものえ」

と、三頭で踊る。

「うれしがの　天にむらくも　ふきあげて　今ごそ　女獅子とあうと　うれしさえ」

「天じゅく天の　むらむら　そそぎ　そーいき　そろえて　きりかえそうえ」

横一列になり、最後の歌になる。

「われが国から　いそぎもどりの　船がつく　おいとまもしゅか　いざかえしょう」である。

青森県の獅子踊りとの比較もする。

大館地方の獅子踊りと共通した内容を持つのが青森県の獅子舞である。

『新編青森市史　別編3　民俗』（注20）で、「高田の獅子踊り」を取り上げる。踊り手は、オジシ、コジシ、メジシ、オカシ（可笑）である。囃子は、オンドトリ（音頭とり）、笛、太鼓、手平鉦である。

芸能の内容は、「追込み」「橋渡りの踊り」「山越え（山掛け・山越え）の踊り」、「雌獅子隠し」「松五郎の松」「三本松の綱渡り」などである。

歌を列挙する。

「参り来て此の屋祝場を見申せば出場も入場も善い祝場入場善いとて出場に迷うなさても見事さ」（追い込み）

「この橋は如何なる大工の架けた橋飛騨の工《たくみ》の架けた橋かな橋はそり橋飛ぶに飛ばれぬさても見事さ」（橋渡り）

「此の山は如何なる御人が樹《た》てた山か見れば恐ろしい険《た》けた山かな一の枝から二の小枝まで三の小枝を国の土産にさても見事さ」

「白鷺や後を思へば立ち兼ぬる後を思はじ先白鷺」

「松島の松を育てて見よとせば蔦は縁もの松にからまる蔦の葉も縁がなければ更に解《ほご》れる」

「きりぎりす一ツはねろよきりぎりす続いてはねろよあいのはたおり」

「つばくろのとんぼ返しは面白いからかさ返しはあいにひらかれるよ」

「天竺天の叢雀は追ひ落とされて此処の御庭に頭ざっくと揃へてみよ」

「吾等が国から急ぎ戻れの文が来たおいとま申していざ帰りませう」

青森の一ヶ所しか取り上げていないが、大館地方の獅子踊りとの共通性がみられる。

注

13　『大館市史　第四巻』（大館市教育委員会　昭和五十六年）
14　注13書
15　『芸能解説書』（大館市教育委員会　昭和五十六年）
16　平成二十五年製作のビデオ参照（国際教養大学地域環境研究センター企画製作）
17　注15書
18　『田代町史　別巻』（田代町　平成十四年）
19　注16と同じ時期製作のビデオ参照
20　『新編青森市史　別編3　民俗』（青森市　平成二十年）

三　秋田県の獅子舞のまとめ

秋田県の「ささら」や「獅子踊り」全体のまとめをする。

秋田の「獅子踊り」では、現在歌われる歌の数が少ないことが多いが、これまでみてきたように、以前は比較的多くの歌が歌われてきた。

「ささら」を含めて考えると、秋田県内の獅子舞では、多くの歌が歌われてきたことは、これまでみてきた通りである。

「ささら」と「獅子踊り」を比較すると、「ささら」の演目は「神立」などといわれる演目が、女獅子を二頭の男獅子が取り合うという内容が含まれ、それに関わる歌も歌われる。

女獅子を取り合わない演目には「恋慕」「距《ねまり》」「神楽」などがあり、女獅子を取り合う歌はないが、全体的には「神立」と共通した歌が多くみられる。

獅子踊りの演目は一つで、全体の中に山がけや橋がけが組み込まれている。

歌全体については、これまで見てきた通りである。

そして、最初と最後に歌われる歌があるので注目しておきたい。

「お目出度やおもしろや海の中の薬師堂」などは最初と最後に歌われる。

「御門の脇の小桜に　黄金の花が咲いたよな」は最初に歌われる歌である。

それに「長野ささら」では道中で歌われる歌がある。

「獅子踊り」には、「ささら」にはない「山がけ」「橋がけ」などがあり、それに伴う歌が歌われる。それが特徴といってもよい。

「ささら」「獅子踊り」に共通している歌は「花歌」であり、花（祝儀）をいただいたお礼の歌である。

「ささら」や「獅子踊り」の最後の儀礼である「獅子納め」や「角もぎ」にも歌が歌われる。

「国見ささら」の「獅子納め」では、

「唐獅子は世界の悪魔を従えて　此処の館で幕を切り候」と歌われる。

「粕田獅子踊り」では「角もぎ」に、

「獅子の子はヤエー　生まれて落ちれば頭振る　嵐にもまれて角もげた」である。

「戸沢ささら」の歌も興味深いので、取り上げることにする。

「宿入れ」といい、獅子頭に幕を取り付ける時に歌われる歌がある。

「此の獅子は鹿島の神より貰い受け　幕も附けて今ぞ喜ぶ」

「関東の宇都宮より来る獅子　今こそ心嬉しかりけり」

「唐獅子は何処の宮より来る獅子　悪魔も払うて末ぞ楽しき」

「獅子納め」の歌は以下の通りである。

「唐獅子は世界の悪魔を従えて　此処の館で幕を切り候」

「燕は　これの舘に巣をかけて　羽を振る度　米は降り候」

「幕を切り　吾等は心の底意なく　千秋万世と　遊べ友達」

「唐獅子を脱ぎて　納むる心こそ　又来る年の加護となるなり」である。

これらの歌は、鹿島の神や栃木県の宇都宮が出てくること、獅子舞を行うことが悪魔払いであること、燕が羽を振るたび米が降るなどと、五穀豊穣との関わりを歌っていることも興味深い点である。

続いて秋田の「ささら」や「獅子踊り」との比較を考えながら、主に関東地方などの他地域の獅子舞についてみていく。

第二章　関東を中心とした地域の獅子舞

一　栃木県などの獅子舞

茨城県の獅子舞で歌が豊富に歌われるものは現在ない。ここでは、栃木県の獅子舞で歌が豊富に歌われるものを主に取り上げ、秋田県のささらや獅子踊りと比較する。

1　栃木県那須町大字高久丙《たかくへい》・一ツ樅獅子舞（注1）

一ツ樅の獅子舞は、春は観音堂で、秋は鎮守様で、二回行われる。「火ばさみ流」といわれる。

所役は、男獅子二頭、女獅子一頭、笠四人、歌数人、笛数人である。

男獅子二頭が横に並び、女獅子が後ろに三角形になるように並ぶ。

前進し、座ってから四方固めの舞になり、前進・後退を繰り返す。

座ってから、三頭は三角形に、また立って、三頭が縦に並び、左右に動く。

筵《むしろ》が敷かれ、三頭は三角形の形で座る。歌になる。

「なりをしずめて　おきやれ　ささらの習いで　歌を詠みそうろう　歌を詠みそうろう」

「投げ草を出したお人は　末永く孫子多に　まめに栄よる　みょうがなるもの　みょうがなるもの」

三頭の獅子は向き合い足を前後に動かし、次の歌と同時に時計回りに廻る。

「廻りは車　きょうから下る　唐いの屏風　ひといに　さらりと廻りこめ」

次の歌では、三頭が向かい合い踊ったり、その場で回りながら踊ったりする。歌の調子に合わせて踊る。

「こらほどの　花のお庭で　遊ぶとて　心静かに　遊べ我が連れ　遊べ我が連れ」

笠が四つ中央に立ち、「山廻り」をする。

二頭の男獅子が動き回り、女獅子は後方で太鼓を叩く。

「思いのほかに　朝日の方で　ここで女獅子を隠された」

笠がいなくなり、三頭が向かい合って舞う時に歌われる。

「うれしやら　風やかすみを　ふきはらい　これのお庭で　つまよせ」

三頭が歌が始まると同時に時計回りに廻る。

「松にからまる　つたはなる　えんがきれれば　いざきれろ」

次の歌が歌われ、歌が終わると三頭は大きく広がる。

「たつさぎりは　後を思えば　立ちかねる　水を鳴らさぬ　払い」

三頭は中央に集まり、向かい合って踊った後、次の歌が始まると三角形の形になり後退する。

「国からも　急ぎもどれば　ふみが来る　おいとま申して　家さ帰され」

前後に三頭で舞い、座って拝礼し終わる。

この獅子舞の最初の歌「なりをしずめて　おきやれ（後略）」は、秋田の道地のささらの「なりをしずめて　おきやれ（後略）」と共通したものがあり、粕田獅子舞の「追込み」の唄「ふりを見ろや　牝獅子牡獅子の　振りを見ろや　今こそ心は花の都だよ」と同じ機能を担っていると考えられる。獅子舞の始まりの歌である。

二つ目の「投げ草を（後略）」の歌は、秋田に広くみられる花のお礼の歌と同じである。

歌全体は秋田県とほぼ同じ内容である。

2　栃木県那須塩原市木綿畑本田《きわたはたほんでん》の獅子舞（注2）

所役は、一番獅子と二番獅子が雄獅子である。それに三番獅子が雌獅子の三頭である。警護二、三名。まとい、花笠三名、笛四、五名、歌四、五名。奴二名である。

四月の雷神社の祭りに奉納する（写真6－1、6－2）。祭典が終わると、獅子舞の奉納になる。奴が先頭で獅子が続く。

獅子舞が始まる時には、奴が獅子を先導し、奴二人が前に位置し、雄獅子の一番獅子と二番獅子が横に並び、後ろに女獅子の三番獅子で三角形になる。三頭は座り、奴の所作が初めにある。

奴は扇子を持ち踊る。「ヨーイ、ヨーイ」と言いながら所作を行い、以下の口上になる。

「当所の若いもの　ささら興行つかまつる所　その沙汰よろしきとあって　早朝より皆々様　賑々しく　ご光来下し置かれましたる段　世話人役者は申すに及ばず　変わらぬ拙者警護の面々　こぞっていかばかりか　大慶至極に存じ奉る　そもそもこの獅子の始まりは　天神七代地神五代の始めなれども　第十一代垂神天皇の御時に　勢州度会のこおり　山田村にて天照皇大神宮をたまいし時より　いまだ伝えしきゅうじ文挟流の伝来なり　なにをいうも　御神楽を止めおき　拙者口上はかえって御神楽の妨げ　申し終わって　ここ敬って申す」

口上は二人の奴が交互に行う。

終わると、雄獅子と女獅子は向かい合い、片足を前に出し太鼓を叩く。一番獅子が前に出て踊り、残りの二頭は太鼓を叩く。

写真６－１　獅子の行列　１

写真６－２　獅子の行列　２

それから三頭が集まり、続いて二番が踊る。片足跳びで踊る。三頭で集まった後、また、一番が踊る。片足跳びで踊る。

三頭が集まり、後退し太鼓の縁を叩く。さらに後退し、座って太鼓を叩いたり太鼓の縁を叩く。

「なりをしずめて　おきやれ　ささらの習いで　歌を詠みそうろう　歌を詠みそうろう」

歌の時は太鼓を叩いたり太鼓の縁を叩く。立って、前進・後退し、一番が前に出て四方を廻る。三頭で前進・後退し、二番が四方を廻る。三頭が前進・後退し、一番が前に出て四方を廻る。三頭は三角形になり前進し、向かい合う。前を向いて片足跳びで太鼓を叩く。

次の歌になり三頭は大きく廻る。

「まわれまわれ水ぐるま　京から下る　唐絵の屏風　ひとえにさらりと　まわりこめ」

三頭は三角形で向かい合い、前傾しバチを地面につく。

「せんだれ柳　きこたおしや　めこれにやどれ　十五夜のお月　十五夜のお月」

獅子は片足跳びで太鼓の縁、太鼓を叩く。太鼓の縁を叩きながら前進・後退し、前を向いて太鼓の縁、太鼓を叩く。太鼓の縁を叩きながら前進・後退し、向かい合い太鼓を叩き太鼓の縁を叩く。

三番はその場で太鼓を叩き、一番二番は横に並んで前進し後退する。一番二番は位置を替え、片足跳びで太鼓を叩く。一番と二番は位置を替え前進・後退する。

三頭は集まり、片足跳びで足を替えながら太鼓の縁を叩く。後退し、一番と二番は背中合わせになったり、向かい合ったりしてから、前進しバチを地面につける。

後退し、三番一番二番と横に並び太鼓を叩く。歌と同時に大きく廻る。

「思いかければ　あさぎりおりて　これのお庭で」

廻り終わり、二番一番三番と横に並び、二番は一番と三番に向かい合う。二番は前進しバチを地面につける。一番も前進し、一番と二番は力比べをし、二番の背中を押し負かす（写真6－3）。二番が動き出し、一番と二番の所に来て向かい合う。

一番二番は向かい合ったり背中合わせになったりを繰り返す。歌が始まると大きく廻る。

「じゅうよさから　つれたよすまを　かくされた　いざやともだち」

再び二番は一番と力比べをして負ける。二番は一番と三番に向かい合い、太鼓を叩き合う。二番は右手に棒を持ち、一番と三番の頭に棒で円を描くように回す。一番二番は背中合わせになったり向かい合ったりする。前進しバチを地面につける。後退しバチを地面につける。

三頭は横に並び太鼓を叩く。歌になり大きく廻る。

「うれしやな　風に霞を吹き払い　これのお庭で」

三番二番一番と横に並び（写真6－4）、二番と三番が一番に向かい合う。一番は前に進みバチを地面につける。二番がそこへ行き、力比べをし、一番を負かす。一番が動き出し、二番と三番の横に並ぶ。一番と二番は前に進んだり後退したりする。二番と三番は一番と向かい合い太鼓を叩く。歌になり三頭は大きく廻る。

「松にからまる　つたはなんぎ　縁がきれれば」

三頭は三角形になる。

「たつさぎの　後を思いば　たちかねる　みずもならさぬ」

歌に合わせ、三頭の獅子は片足跳びで向かい合い、足と手を伸ばす所作がある。座って太鼓を叩き太鼓の縁を叩く。立って後ろに行き、

「国からは　急ぎ戻れと　文がまいる　おいとま申して」

写真６－３　一番が二番を押し負かす

写真６－４　獅子３頭が横に並ぶ

と、前にゆっくり進み、バチを地面につける。頭を下げる。奴も座って頭を下げる。頭を上げ、奴を先頭に獅子が続き少しずつ退場していく。

最初の「なりをしずめて（後略）」は、一ツ樅獅子舞と同じである。

続く歌は、一ツ樅と同様であり、秋田県内では、例えば秋田の長野のささらでは、「廻れよ車（後略）」に続いて「唐からくだる（後略）」と歌われるが、この二つの歌が、栃木県のこの二ヶ所では、言葉に相異する点があるが、「まわれまわれ水ぐるま　京から下る　唐絵の屛風　ひとえにさらりと　まわりこめ」というように一つになっているると考えられる。

3　栃木県日光市栗山日向《ひなた》の獅子舞・上栗山の獅子舞など（注3）

日向の獅子舞には天明四年（一七八四）の伝授書がある。

この伝授書には、「関白日下海山青木流」とあり、師匠は猪倉村青木角太夫であり、弟子は日向村の人の名が連なる。

獅子舞が行われるのは旧暦の八月一日の八朔《はっさく》であり、初日は小穴、二日目は大王、三日目は野尻の禰宜宅で行われてきた。現在は、九月の第一土・日曜日の二日間、公民館で行われる。

現在行われる演目は、禰宜獅子、柴サガシ、花スエ、長山、鈴ホロキ、弓くぐりである。

所役は、太夫獅子、雄獅子、雌獅子の三頭の獅子、笛、歌、護衛役、山などである。警護は、歌と笛で一人ずついる。上下を着て、刀を差している。山は花笠のことである。

演目について、歌に焦点を当ててみていく。

禰宜獅子

禰宜獅子の前に、神社に奉納する時の、鳥居前の獅子舞についてみておく。

山を四隅に置き、獅子は座り太鼓を叩く（写真7－1）。そこで歌われる歌は、

「長き道　広き万場分け行けば　万《おまん》の長者へゆくぞめでたき」である。

その後、獅子を舞う場へ進み、太夫獅子、雄獅子は横に並び、後ろに雌獅子が三角に並び、足踏みしながら太鼓を叩く。座って太鼓を叩き（写真7－2）、

「天竺の　天の岩戸の苔むしろ　我等がなおるも　おそれなるもの」と歌う。

立って、太鼓を叩いて前進・後退し、横に動いたりする。座る。

「禰宜殿は　浄衣直垂　上に召し　月に七度の　瀬山に入るもの」

「天竺の　天の岩戸の　折紙を　我等に下さる　かんきなるもの」

雄獅子、太夫獅子の順で前に出て一人で舞う。その後、前と同様に太夫獅子・雄獅子が前、雌獅子が後ろで舞う。

山が中央に集まり、獅子が山の間を前に出たり下がったりする。太夫獅子・雌獅子・雄獅子の順で山の間を廻る。

山は四隅に移り、三頭で太鼓を叩いてバチを地面につけて終わる。

柴サガシ（写真7－3）、長山（写真7－4）

この獅子舞は山を中心にした舞で、雌獅子の奪い合いもある。ただ、歌は歌われない。

鈴ほろき・弓くぐり

写真７－１　山を四隅に置き獅子は座り太鼓を叩く

写真７－２　座って太鼓を叩く

写真７－３　柴サガシ

写真７－４　長山

写真7－5　鈴を持って舞う

写真7－6　弓くぐり

写真８－１　朗詞

二演目とも、最初に、
「秋風が沢を上がりて吹くときは　峯の松風なびけ小柳」
「天竺の　天の岩戸の　折紙を　我等に下さる　かんきなるもの」
が歌われる。「鈴ほろき」は鈴を持って舞い（写真７－５）、「弓くぐり」は弓を中心に舞うものである（写真７－６）。

日向の獅子舞は、歌が少ないが、花笠を山ということもあるし、それは、秋田県や青森県の山との関わりもあるので取り上げている。


上栗山の獅子舞は、「鈴ほろき」、「弓くぐり」などの演目が行われるが、最後の演目が行われる時には、舞う場に入る前に「朗詞」が歌われる（注４）（写真８－１）。

「葺き殿は　夏が来たのに何を土産に持ってきた　梅、すもも下り苺やまたはぐみの折り枝」

「十七が　沢に降りて　黄金柄杓で水を汲む　水くめば袖がぬれそう　たすき御かけやれ十七」

「ほーがん殿は　東下りて　何で包んだ　綾錦　ゆだんかけそろ　虎の皮でつつんだ」

取り上げた上栗山の「朗詞」は筆者が調査した時に歌われたものであり、それ以外の「朗詞」も列挙する。

「あれ見さよ、向いみさよ、びょうぶを立ててすごろく、双六に五番まけそう、二度とうつまい双六」

「西どうと、東どうと、合の障子のかろ梅、西枝に十三、東枝に九ツ、も一つもおちろかろ梅　しのべとのうの御土産に」

「しもつまのタガヤ殿は　海へザンブと飛び込んだ　西風に笛を吹かせて波に太鼓を叩かせた」

「鎌倉の左京殿が前の河原で魚を釣る　釣竿は浮きて流れる　左京殿は瀬につく」

「鎌倉の御所の前で小倉雀が腰を病む　小雀が、うつり枝して　どこがやめそう　小雀　腰の廻りがやめそう」

「天じくのあまの河原に白き手桶が流れる　手を出して取ろうとすれば　七ツ波が寄ってくる　七ツ波が寄らなければとれるものを」

「天じくの、くまんどうしやの　かたにかけたるかたびら　かたそではぐみの折枝　中は御前のそりはし　そりはしを渡る者こそとんび　はんばき　ちやきらこきらの小雀」

「鎌倉の御所の前で小倉雀が腰を病む　小雀はうつり枝してどこが病めそろ　小雀どこよりもかしこよりも　べそのまわりが病めそろ」

である。

なお、川俣の「路首の場」の歌（注5）も多い。全体的には似たものが多くみられる。

上栗山は十一あり、川俣は七である。川俣の歌の出だしは、五つが共通している。二は川俣が「判官殿は」と「婿殿は」が、上栗山では「ホーガン殿」と「聟殿は」となっているが、出だし以外は、ほとんど同じである。

また、興味深いのは、「下妻のタガヤ殿（後略）」とある点である。中世における下妻の多賀谷氏のことと思われる。

野門《のかど》の「朗詩舞」（注6）は数多くあり、上栗山と類似しているものが多いが、ここでは全て列挙する。

「あれ見さよ　向へを見さよ　屏風立てすごろく　すごろくにごばんませて　二度とやるまい　双六」

「むこどのは　夏はくべか　何をみやげに持ってくる　梅梨（桃）よりいちごに　さてはぐみの折枝」

「鎌倉の鶴が池で　いせはまぐりが流れる　手を出して取らうと仰言れば　七つなみが打ってくる」

「西殿と東どの　相の障子のからうめ　西枝に十三　東枝に九つ　も一つ落ちろからうめ　忍ぶとのごのお土産」

「天竺のくまの堂しやの　かたにかけたる肩びら　肩すそは梅の折枝　中は御せんのそりはし　そりはしを渡るものこそ　とんびはんば　きちやきうこきうこそぞめ」

「鎌倉の左京殿の前の小川で魚をつる　釣竿を浮きて流れる　左京殿瀬に立つ」

「判官どのは東下りに何で御へいを包んだ　あやにしきゆかたかけて虎の皮で包んだ」

「判官どのは船にこんぶを召されて　西風に笛を吹かせて　渡に太鼓を打せる」

「十七は沢へ下りてコガネひ杓で水を汲む　水汲めば袖が濡れそろ　たすきかけされよ」

「十七をつれて行くはかたちあめが吹りそろ　怖しのかたちあめかな　いつが世にも忘れまい」（「かたちあめ」とは夕立雷鳴のこと）

「あれを見さいよ向ひを見さよ　さるが太鼓を引やる　長綱をたぐり立てて　うんさらさと引き申す」

「鎌倉の御所で小倉すずめが腰をやむ　どこよりもかしこよりも　臍のまわりがやめそろ」

「鎌倉の御所の前で十三御姫が化粧する　酒よりも肴よりも　十三御姫が目に立つ」

日光市大字町谷字関ノ沢では、「舞込み」といい、舞初めに歌われる歌がある（注7）。それは、

「鎌倉の御所の前を通ればきり窓に　よそりかかりお笠めせと呼ばわる」

「ジョー七が沢へ下りて黄金柄杓で水汲めば　袖がぬれる　たすきかけさえジョー七」

「百千本のたけのこが揃うなれば　御所がめいしょとなるべし」

である。

日光市北和泉では、ぼっこみの歌（注8）として歌われるのは、

「天地くの天の川原に白き桶がながれる　てをたしてとろうとすれバ七つなみがうつてくる」

「七夕の手水桶女七夕のをほけか　女七夕のをぼけならつまづとたまれや七つろう　いっそういとこのかたびら」

というものである。

塩谷町船生《ふにゅう》字山口は獅子舞でも「まいこみ歌」（注9）がある。

「西とのと東とのと　あいのしょうじのかろんめ　西枝に十三なりし　東枝に九つ　も一つ落ちろ　かろんめ　しのぶとのごのみやげに」（「かろんめ」は唐梅）

「千代七がさわいをりて　こがねひしゃくでみづをくむ　水をくめばそでがぬれる　たすきかけやれ千代七」

「天地久の天の川　白きをけがながれる　てをだしてとろうとすれば　七つなみがよりくる」

これらの歌も今まで見てきたものと類似している。

4　栃木県真岡《もおか》市中郷《なかごう》・大日堂の獅子舞

現在、この獅子舞は歌が歌われないが、現在行われている獅子舞との関わりの中で、歌われた歌を掲載する（注10）。

イレハ

コウガケを下ろし、女獅子は太鼓を叩く。大獅子と中獅子は向かい合い、座り、その場で回る。向かい合い、前に進み、下がり回る。一連の動きを繰り返す。

写真９－１　大獅子は刀を持ち踊る

大獅子は刀を持ち、中獅子は幣を持ち踊る（写真９－１）。大獅子は刀で四方（巽、乾、未申、丑寅の順）を祓う。

太刀納めの歌

「八雲立つ出雲八重垣妻ごめに　八重垣つくるその八重垣を」

本庭

大獅子と中獅子が前、女獅子が後ろで、大獅子と中獅子は背中合わせになったり向かい合ったりして、また、前に出たり戻ったり、その場で回ったりする。大獅子と中獅子は女獅子を奪い合う。

大獅子と中獅子が前、女獅子が後ろで踊る（写真９－２）。筵が敷かれ、その上で三頭眠る（写真９－３）。

本庭に歌う歌

「我恋はみ山がくれのほととぎす　姿は見えで声ばかりする」

写真９－２　大獅子と中獅子が前、女獅子が後ろで踊る

写真９－３　３頭の獅子が筵の上で眠る

「度をふめばあつくたつ路へ浮き橋を　出合うすれとて文を落とした」

「ここ踏めばあつくたちひく浮き橋で　出合すれと文を落とした」

「ひはびと木おもてかざりてその下で　出合ササラを七日すらばや」

「われわれはいづれの獅子と思わるる　悪魔を払うお獅子なりけり」

雌獅子隠しの歌

「思いの外に朝霧おりて　これで雌獅子をかくしめた」

「我アが庭はりあげて竹をそらして　鳴り鎮めて鈴の音をきく」

「うれしやな風は霞を吹きあげて　今こそ牝獅子逢うぞうれしき」

歓喜の舞に口ずさむ歌

「奥山はりあげて雄獅子のむつびあいたアふさぎたつとははぎ立ちは白鷺立ち兼ねる」

この歌は、以下の二つの歌が一つになっていると思われる。

「奥オく山はりあげて　牝獅子　雄獅子のむつびあい」と「たふさぎ（褌の意味）立アとはぎ　立アチ白鷺立ちかねる」である。

「白鷺は我子思えば立ちかねる　水を濁さず立てや白鷺」

獅子起こし

笛の音で起き、立ち上がる。大獅子が右手に扇、左手に幣束を持って踊る。続いて、中獅子が扇と幣束を持って踊

写真９－４　中獅子が扇子と幣束を持って踊る

写真９－５　３頭の獅子が座る

る（写真9－4）。

御山帰り

大獅子と中獅子が前、女獅子が後ろで座り（写真9－5）、頭を振り、礼をして終わる。

終わりの舞の歌

「このほどは音に聞こえしこのササラ　今はうれしや肩をならぶる」
「太鼓の胴をきりりとしめて　ササラをさらりとすり納むる」

5　栃木県茂木町《もてぎまち》河井《かわい》の獅子舞

この獅子舞の構成は「打ち込みの舞」「神立の舞」「四つの舞（花の舞ともいう）」「引きの舞」である（注11）。歌が歌われるのは「四つの舞」と「引きの舞」である。

「四つの舞」の歌は、
「皇麗の御庭にひともとすすき　ないはずないが　そこに　雌獅子が隠され申された」（写真10－1）
「唐で九間の唐絵の屏風　さらりと一重に　立てまわす」
である。

「引きの舞」の歌は、
「おいらが国から文が来るよ　おいとま申していざかえろう」

写真10－１　雌獅子が隠れる

写真10－２　礼をして終わる

写真10－３　金沢ささら

「雄獅子雌獅子の太鼓の紐をきりりとしめて　ささらをしゃんと舞おさめ」

である（写真10－２）。

歌の数は多くないが、ここで取り上げたのは、秋田県横手市金沢の「金沢ささら」との比較のためである。

横手市内では「金沢ささら」の他に「茂木ささら」もあったが途絶えている。

明治末年の記録である「茂木佐々良由来記」があり、佐竹氏の領地であった栃木県の茂木には「関東茂木百騎」があり、この人たちが「茂木佐々良」を行った。

「金沢ささら」も「茂木佐々良」を伝承しているという。

明治末年頃の演舞の順序は次の通りである（注12）。

「笠揃へ」「行列」「門掛り」「神立」「水車」「切り」「花の山」である。

全体をみれば、現在茂木町で行われている獅子舞との共通性がある。特に「神立」は、秋田のささらでは一つの演目になっているものがほとんどであるが、ここでは演目の一部であり、それが共通していることは重要である（写真10－３）。

「神立」については、日光市中猪倉《いのくら》では、「神立」ということで歌われる歌は、

「八雲立つ出雲八重垣つまごめに　八重垣つくるその八重垣を」

「峰は八つ谷は九つ戸は一つ　わが行くさきはゆうらぎの葉よ」

である（注13）。

6　福島県伊達市新田愛宕神社の獅子舞（注14）

獅子舞が行われるのは愛宕神社の祭りで、七月二十四日であったが、昭和四十年頃から四月二十四日になった。三頭の獅子は、親獅子、中獅子、子獅子で、太鼓をつけているが、バチを持たない。太鼓を叩く太鼓打ちがいる。花が二つある。ササラスリがいたが、調査の時にはいなかった。ここでは、歌に焦点を合わせみていく。

みちぎり

太鼓打ちが前、親獅子と中獅子が前に並び、子獅子は後ろに位置する。左右に片足跳びで動く。前傾する。三頭は少し下がって座り、手を地面につける（写真11－1）。

岡崎・舞出し・ゆうごむし

（省略）

回る車は

太鼓打ち、親獅子、中獅子、子獅子の順で、片足跳びで回ると同時に歌が歌われる。

「回る車は水車　遅く回れば堰で止まるぞ」

親獅子と中獅子が前で、後ろに子獅子で、足を上げながら前進・後退する。

「京でごかんの唐絵の屏風　ひとえにさらりとたてまわす」

座って地面に手をつく。立って、座って片膝をついて、手を左右に動かす。

「参り来てこれのお庭を見申せば　四方四面の枡形の庭」

両膝をついて手を挙げる。両手を地面につく。片膝で膝を替えながら両手を左右に動かす。両膝をついて手を前にする、地面に両手をつくを繰り返す。この間に歌が歌われる。片足跳びで両手を上に挙げるとともに、

「おみかどになるか並んで出てみれば　稲穂揃えて秋風の音」

が始まる。片足跳びで横に動き、前傾し、膝に手を置くを繰り返す。片足跳びで前進・後退を繰り返す時には、

「友達は以前の拍子を忘れたか　太鼓ならしてあとの獅子ども」

「十王坂を連れてくだりし雌獅子をば　これのお庭で隠し取られた」

が歌われる。

花からまり

花が出て親獅子・中獅子がその周りを回る。子獅子は後ろに入る。片足跳びで両手を挙げ、回る（写真11－２）。

「雌獅子雄獅子は隠れても　ほともとすすきを分けて尋ねろ」

である。

中獅子と親獅子が争う。

写真11－1　座って手を地面につける

写真11－2　片足跳びで両手を挙げる

「嬉しやに凬に霞を吹き払い　ここで雌獅子に逢うて嬉しや」

中獅子と親獅子が向かい合ったりする（写真11－3）。

「あれみさい雌獅子雄獅子の振りみさい　いかに心はみよくなりましょう」

ぶっきり

太鼓打ちが前、親獅子と中獅子が並び、後ろに子獅子で、片足跳びで前進・後退を繰り返す。この時の歌は、

「鹿の子は生まれて落ちると踊り出る　これのお庭で踊りできましょう」

「壁腰に立ち寄り見れば面白い　鼓の音はいつも絶えぬ」

である。片足跳びで手を挙げ、膝に手を置くのを繰り返すが、歌の時には片足跳びで前進・後退する。

「つばくろのとんぼ返しは面白い　つばくら返しはのうかえす」

歌が終わると、両手を横に伸ばし跳ぶのを繰り返す。

「てらでらの槍と障子をあとにして　われらのささらもあとですりましょう」

「太鼓の糸をきりりと締めて　ささらをさらりとすりとめろ」

両膝をついて両手を地面につく。

くにからは

足を上げて横に動いて、膝に手を当てる。下がって座り地面に手をつく。

「国からは急ぎ戻れと文がきた　お暇申して家に帰る」

歌とともに片足跳びで回って退場する（写真11－4）。

写真11－３　中獅子と親獅子が向かい合う

写真11－４　退場する

栃木県などの獅子舞のまとめ

栃木県の獅子舞では、那須町の一ツ樅の獅子舞と那須塩原市木綿畑本田の獅子舞が、秋田県の「ささら」と歌全体の構成が類似していることは、すでにみてきた通りである。

日光市栗山の獅子舞は、秋田県の「ささら」に比べ歌の数は少ないが、注目すべき点がある。それは「朗詩」や「朗詩舞」などといわれる歌で、栗山以外でも栃木県にはみられる。秋田県大仙市の「長野ささら」の道中で歌われる歌と比較できるものである。

真岡市の大日堂獅子舞では、現在歌は歌われないが、以前は歌が歌われていたと考えられる。歌の数も多く、他の栃木県内の獅子舞も歌が歌われなくなった獅子舞があると思われる。

秋田県横手市の「金沢ささら」の由来は、栃木県茂木町と関わりがあり、茂木町河井《かわい》の獅子舞との共通性がみられる。

福島県の獅子舞は、歌が比較的多く歌われる獅子舞がいくつかみられる。特に秋田県との共通性がみられる伊達市新田愛宕神社の獅子舞を取り上げた。

「みちぎり」「岡崎」「ゆうごむし」の後、「回る車は」では、

「回る車は水車　遅く回れば堰で止まるぞ」

「京でごかんの　唐絵の屏風　ひとえにさらりと　たてまわす」

と歌われ、秋田の「ささら」と同じである。

この後、四つの歌の後、

「十王坂を連れてくだりし　雌獅子をば　これの御庭で　隠し取られた」

で雌獅子がいなくなる。

「花からまり」で花が出て、親獅子・中獅子が雌獅子を探し、二つ目の歌に、

「(前略) 雌獅子に逢うて嬉しや」になる。歌がもう一つあり、

「ぶっきり」で獅子三頭一緒に舞う。歌は、

「鹿の子は　生まれて落ちると　踊り出る　これのお庭で踊りできましょう」である。

三つの歌の後、

「太鼓の糸をきりりと締めて　ささらをさらりとすりとめろ」が歌われる。

「くにからは」で、

「国からは急ぎ戻れと文がきた　お暇申して　家に帰る」で終わる。

この獅子舞の歌が、秋田の「ささら」と共通した歌が歌われていることは全体的には明らかである。

注

1　『栃木県民俗芸能緊急調査報告書　栃木県の民俗芸能』(栃木県教育委員会　平成十年)
2　「木綿畑本田の獅子舞」(地元発行のパンフレット　平成十三年)
3　『栃木県民俗芸能調査報告書　第二集　栗山の民俗』(栃木県教育委員会　昭和四十二年)
4　注3書
5　注3書
6　古野清人『古野清人著作集6　日本の宗教民俗』(三一書房　一九七三年)
7　注6書
8　注6書

9　注6書
10　注1書と尾島利雄『栃木県民俗芸能誌』（錦正社　昭和四十八年）
11　注1書
12　『横手市史　文化民俗編』（横手市　平成十八年）
13　注6書
14　『福島県民俗芸能緊急調査報告書　福島県の民俗芸能』（福島県教育委員会　平成三年）

二　東京都奥多摩町などの獅子舞

秋田のささらとの共通点の第一は、芸能の名称がササラということである。次に最も興味深いのが演目についてである。

大氷川の獅子舞では、一つの演目について「一立」といい、演目が十あるので「十立」という。棚沢でも演目が九つなので「九立」という。小留浦《ことずら》の獅子舞、峯の獅子舞、川井の獅子舞、境の獅子舞、日原《にっぱら》の獅子舞などでも演目の数については立を使っている（注1）。

この演目の数え方については、他ではほとんど使われていない。ただ、秋田県のササラで「神立」という演目があり、その演目を連想するが、直接の関わりはない。

具体的に奥多摩町の獅子舞についてみる。

1　大氷川の獅子舞（注2）

文挟《ふばさみ》流といわれている。

獅子舞は九月一日の氷川神社の祭礼に行われていた。二百十日の祭りであり、嵐除けの目的があったという。その後は八月十日に行われている。元は名主の家を座元として行っていた。

獅子の所役は、太夫、小太夫、女獅子の三頭、ササラを持った花笠が六人、はやし方二人、唄方、笛方などである。

演目を「一立」という。

七度宮参り

獅子は横一列、はやし方が向かい合い、太鼓を叩く。その場で回る。

最初の歌は、

「唐から降る　唐絵の屏風　たんだ一重にひきまおさいな　ひきやまさえー　えーようさあ」

で、丸くなり、太鼓を叩きながら右足左足を前に出し、その場で回る。内側を向いて太鼓の縁を叩く。

「参り来て御宮の掛かりを見てあれば　八棟造りのこけらぶき　こけの上に生えたから松」

内側を向いて太鼓を叩き、背中合わせになったり、内側を向いて片足を前に出したりする。

「から松も千年も立ちてましまさば　君の御代こそ目出度かりけり」

内側を向いて太鼓を叩き、片足跳びもある。内側、背中合わせ、片足を前に出し、太鼓を叩いたり縁を叩いたりする。廻りながら前に出たり下がったりする。

それから、行列をなし社殿を時計回りに廻る。はやし方は「アーイーヤー」といいながら塩を撒く。

社殿を廻った後、三頭の獅子は大きく広がり太鼓を叩く。

「雨が降りそで雲が立つ　おいとま申していざかいさいな　おいとま申していざかいさいな」

横一列になり太鼓を叩いて前進・後退。はやし方も加わり、前に進み終わる。

藤かかり

一回りし横一列になり、女獅子・小太夫が舞い始め、続いて大太夫も舞い始める。太鼓の縁を叩き、その場で回る。

「唐から降る　唐絵の屏風　たんだ一重にひきまおさいな　ひきやまさえー　えーようさあ」

歌の終わりには、三頭は丸くなり、太鼓を叩き片足を前に出し、その場で回る。

「参り来てお庭のかかりを見てあれば　黄金交じりの白砂を布く」

内側を向いて太鼓を叩き、背中合わせになったり、内側を向いて片足を前に出したりする。

「参り来て是の御門を押し開き　入りて見たれば唐の御所かな」

内側を向いて太鼓を叩き、片足跳びで太鼓を叩く。背中合わせになったり内側を向いたりし、片足を前に出す。内側を向いて太鼓を叩き、それぞれ廻りながら大きく開く。次に中央に集まり廻りながら開くのを繰り返す。

「雨が降りそで雲が立つ　おいとま申していざかいさいな　おいとま申していざかいさいな」

横一列になり、はやし方も出て舞い、女獅子は太鼓を続け、大太夫と小太夫はバチを地面につける。小太夫・大太夫の順で立って太鼓を叩き、前進し、行列をつくり退場する。

三拍子

一回りして横一列になる。女獅子・小太夫が舞い始め、続いて大太夫も舞い始める。太鼓の縁を叩き、その場で回る。

「唐から降る　唐絵の屏風　たんだ一重にひきまおさいな　ひきやまさえー　えーようさあ」

歌の終わりには丸くなる。太鼓を叩き片足を前に出し、その場で回る。

「此の森に鷹が住むそで鈴の音　鷹じゃないもの御神楽の笛」

内側を向いて太鼓を叩く。片足跳びで太鼓を叩く。内側を向いて太鼓の縁を叩き、片足を前に出す。

「鳥居垣にこけはえて　詣でる氏子もそくさいなるもの」

歌の間の所作は同じである。

「是のお庭の姫小松　一枝たゆめて腰を休めり　一枝たゆめて腰を休めり」

内側を向いて太鼓の縁を叩く。片足を前に太鼓の縁を叩く。

「海のとなかの浜千鳥　波にゆられてぽいと立ちそろ　波にゆられてぽいと立ちそろ」

前と同じ所作。

「三拍子のきりりの山　今の調子をきりかへさいな　今の調子をきりかへさいな」

内側を向いてバチを叩き、太鼓を叩く。中腰で回りながら広がる。広がっては中央に集まる。女獅子は太鼓を叩き、小太夫・大太夫は動きながら太鼓を叩く。

「太鼓の胴をきりりとしめて　ささらをさらりとすりかえさいな　ささらをさらりとすりかえさいな」

この後は藤かかりと同じであり、以下の演目でも同様である。

「七度宮参り」「藤かかり」「三拍子」は奉納舞といわれ、この後祭典が行われる。


以下の演目は歌を中心にみていく。

「すりちがい」の歌は、

「鍵取りが庫の出口で昼寝して　かぎを枕に米を踏へて」である。

「花掛り」は花笠を中心に舞われるもので、歌は、

「ここは何処　ここは吉野の花の中　花を散らしてあそべ獅子どの」である。

「まりがかり」は、まりを中心に舞われる。歌は、

写真12－1　四方固め

「ここはどこ　ここはまりこの宿なれば　三つのまりにてあそべ獅子どの」である。

そして、まりと遊んだ後に、

「廻れよ車水ぐるま　早く廻りて関に止まれ」と歌われる。

「竿がかり」の歌は、

「この宿は立て十五里横七里　入れ場よく見て出場に迷うな」であり、大太夫と小太夫は竿を挟んで争い、

「うれし山きりとかすみをかきわけて　男獅子女獅子が肩を並べた」で竿が除かれる。

「女獅子隠し」の歌は、

「この宿はよい日よい月経ちたげに　月に六度は米が降り候」で、

「思いもよらぬ朝ぎりが降りて　そこで女獅子が隠されました　そこで女獅子が隠されました」

で女獅子が花笠の間に入る。

「うれし山きりとかすみをかきわけて　男獅子女獅子が肩を並べた　男獅子女獅子が肩を並べた」

の歌が終わる頃には花笠は四方に散る。

続いて行われる「ふとんばり」では、

「山が八つ谷が九つ是はまた　御前御出での御礼なるもの」

「山雀が山を離れて里へ出て　これのお宮で戻り切り候　これのお宮で戻り切り候」の歌が歌われる。

最後の演目である「白羽」は「四方固め」ともいう（写真12－1）。

行列をつくって舞う場に入る。囃子方は塩を振って歩く。この演目の歌は、

「この獅子はいかなる獅子と思召す　悪魔をはらいし獅子なれば　世国の人につのをもがれそ」である。

以上が大氷川の獅子舞の演目である。歌が多く歌われる演目は三拍子である。

大氷川の獅子舞と同じ文挟流といわれる小留浦の獅子舞（注3）を、歌に焦点をあてみることにする。

演目は「宮参り」「三拍子」「幣がかり」「笹がかり」「花がかり」「竿がかり」「女獅子隠し」「白刃」である。

「いれは」の歌では、

「京から下る唐絵の屏風　たんだひとえに引きまわさいな」または、

「廻れや車　廻れや車　くるりくるりと引きまわさいな」である。

「ひきは」の歌は、

「太鼓の胴をきりりとしめて　ささらをさらりとすりかえさいな　ささらをさらりとすりかえさいな」が多い。

「幣がかり」では、

「おぼこたち文が来てそろ文柄は　読んで見たればこいと書かれた」である。

歌が多く歌われる演目は、大氷川の獅子舞と同じ「三拍子」である（写真12－2、12－3）。

三拍子で歌われる歌を列挙する。

「いれは」は、

「このお庭の姫小松　たんだひとえに　ひきまわさいな」

写真12－２　三拍子

写真12－３　三拍子

「小ぎり」は、

「かぎとりが　宮の出口に　昼寝して　鍵を枕に　よねをふまいて」

「此の宮は　飛騨の工匠の建てたげで　四方長押にはすのえしもの」

「五千本の　槍を持たせていくならば　せじう七日の　これのごじもん」

「みどうばが宮の長押に　巣をかけて　法華経やま経を　そらで読みそろ」

「鳥居垣に　苔はえて　参る氏子も　末繁盛　息災なり」

「三拍子」は、

「このお庭の　姫小松　一枝たをめて　腰を休ませろ　一枝たをめて　腰を休ませろ」

「海のとなかの　浜千鳥　波にゆられて　ぱいと立ち候　波にゆられて　ぱいと立ち候」

「三拍子の　きりならば　今の拍子を　きりかえさいな　今の拍子をきりかえさいな」

「ひきは」は、

「太鼓の胴を　きりりとしめて　ささらをさらりと　きりかえさいな　ささらをさらりと　きりかえさいな」

である。

2　海沢《うなざわ》の獅子舞（注4）

この獅子舞は「神立流」といわれる。

氏神である海沢神社の祭礼、八月上旬の日曜日（元は七月十六日）に行う。

所役は、唄方三人、笛方六人、舞方三人、花笠四人、棒使い二人である。

演目は、「しめがかり」「ひゃりこく（宮参り）」「十文字」「洞入り」「牢破り」「場狂い」「神立ち（女獅子隠し）」「花がかり」「幣がかり」「棒がかり」である。

ここでは、秋田のささらと関わりが深い「神立ち」を中心に見る。

歌は、ひきまわしの歌が、

「まわれや車　まわれや車　車のごとくに立廻れよな」

「京からくだる唐絵の屏風ひとえにさらりと引きまわせよな」である。

「神立」の歌は、

「錦なる畑の木陰で遊ぶ獅子　拍子たがうな笛にまような」と、

「思いもかけない朝霧がおりて　そこで女獅子がかくされたよな　そこで女獅子がかくされたよな」である。

仲直りの歌は、

「松山の松にからまるつたさえも　縁がつきればほろりほごれる」である。

立ちさぎの歌は、

「立ちさぎはあとをはじめはたちかねて　水をならさで立ちゃしらさぎ」

で、最後に三拍子の歌が、

「太鼓のしらべはぱらりときれた　これではなるまいいざかいらいな」である。

「神立」の演目の内容は、「いれは」で三頭揃って舞い、引き廻しの歌になり、「神立」の歌などになる。

三頭揃って仲良く舞ううちに、二頭の雄獅子が女獅子の奪い合いになる。大太夫が女獅子を隠し、小太夫が女獅子を探す。見つけると、今度は小太夫が女獅子を隠す。大太夫は女獅子を探し、見つけると、花の中に入れ、仲良く舞う。小太夫はそれを見つけ、大太夫を倒す。大太夫が今度は小太夫を倒すが、にわかにかんだち（雷鳴）が起こり、三頭仲良くなる。

「神立」については日の出町玉の内の獅子舞にもみられる（注5）。「神切」とともに古くから伝承してきたものという。「神切」は五穀豊穣を祈る舞で、「神立」は雨乞いの獅子舞という。「神立」で歌われた歌を列挙する。

「廻れや車　廻れや車　車の如くに引き廻さよな」
「京から下りた唐繪の屛風　一重にさらりと引き廻はさよな」
「朝日さす　夕日輝く此の寺に　櫻色なる稚児が七人」
「思ひもよらぬ朝霧がおりて　そこで女獅子がかくされたよな」
「きりに女獅子がかくされて　心ならさでくるしい獅子かな」
「天竺天の相染河原のはたにこそ　千久世結びの神のたあたありに」
「誠ニ千久世の神なれば　女獅子男獅子を結び合はせろ」
「奥山の松にからまるつたの實を　ゐんがつきればほろりほごれる」
「たつさぎの　あと初めば　たつさぎも　水をならさでたつが白さぎ」
「鹿島の御濱は村々雀　羽さきを揃えてきりをかひさよな」
「一つはねろよきりぎりす　つゞいてはねろよ　はぎのはた虫」
「日も暮れる　道もいさゝに露も入り　おいとま申していざかいらいな」

歌が奥多摩町の「神立」より多くなっている。歌の始めが「廻れや車」「京から下りた」であり、歌の数が多いのも秋田のささらや獅子踊りとの共通性がみられる。

「天竺天の相染河原のはたにこそ　千久世結びの神のたあたありに」と、
「誠ニ千久世の神なれば　女獅子男獅子を結び合はせろ」

の歌は、この後にみる群馬県の稲荷流の「女獅子隠し」の歌と類似している。

3　境の獅子舞（注6）

境の獅子舞は鹿島流と角助流といわれる。

鎮守白鬚神社の例祭、八月十六日に行われる。

所役は、獅子は、王太夫、女獅子、中太夫、はやし方、ササラを持つ花笠六人、牡丹の花四人、日輪・月輪の花笠二人である。笛吹き、道中囃子は、大太鼓、小太鼓がつく。

演目は「宮参り」「笹の葉」「大角助」「奉華」「綱掛り」「弓掛り」「小角助」「たんじゃく」「花掛り」「太刀掛り」。廃止した演目は「大雲がかり」「小雲がかり」「ぼたんがかり」だという。

特に歌が多く歌われる「笹の葉」を取り上げる。

「笹の葉」（女獅子隠しともいう）

「入れ葉の舞」の後、

「あの奥山の　なり神立の　おでやるひょうしわ　なで如くよな　おでやるひょうしわ　なで如くよな」があり、「バチ切り」の舞の後、

「きりよきりよと　せめられて　今の拍子を　きりかいさいな　またも切るかよ三拍子よな」である。

「バチきり」があり、

「鹿島が原　鹿島の宮のくつわ虫　なりをしずめて　唄のふしきけ」

「からすやっこ」という舞（写真13－1）があり、

「春の梅　つぼみひらき　風ひとすじに　吹きさらえ　我ら　ささらわ　鹿島きりぶし」

「からすやっこ」があり、

「思いもよらぬ　朝霧が　おりて　そこで女獅子がかくされたよな　そこで女獅子がかくされたよな」である。

歌に続いて、女獅子が花の中に入り（写真13－2）、一頭の男獅子も入り二頭で舞い、

「かくすかくすと思えども　ついに一度は　尋ねあうもの　ついに一度は　尋ねあうもの」

「たいこやかねを　見てあれば　女獅子　男獅子が　かたをならべる　女獅子　男獅子が　かたをならべる」である。

花が散り、

「松山の　松にからまる　つたの実も　えんがきれれば　ほろり　ほーおつる　えんがきれれば　ほろり　ほーおつる」

「鹿の子が　生まれおちから　おどりでる　あれをみまねに　いざおどらいな　あれをみまねに　いざおどらいな」

である。

「バチ切り」の後、

「きりよきりよと　せめられて　今の拍子を　きりかいさいな　またも切るかよ三拍子よな」であり、

「バチ切り」の後、

「我国で　雨がふりそうで　雲が立つ　おいとま申して　開かいさいな　おいとま申して　開かいさいな」である。

「引き葉」で終わる。

境の獅子舞の「笹の葉」で、最初の歌に「神立」と出てくるのを注目しなければならない。

写真13－１　からすやっこ

写真13－２　女獅子が花の中に入る

奥多摩町などの獅子舞のまとめ

東京都奥多摩町の獅子舞は「文挟流」とか「関白流」などといわれていて、この流派は栃木県を中心にみられるものである。

「大氷川の獅子舞」は「文挟流」といわれているが、現在の栃木県に伝承されている獅子舞との共通性は明確にはみられない。全体的には秋田の「ささら」との共通性がみられる。

「大氷川の獅子舞」では、十の演目があり、最初に歌われる歌が、

「唐から降る　唐絵の屏風　たんだ一重にひきまおさいな」である。

終わりの歌は、

「雨が降りそで雲が立つ　おいとま申していざかいさいな」と、

「太鼓の胴を　きりりとしめて　ささらをさらりと　すりかえさいな」である。

秋田の「ささら」では、「廻れよ車は（後略）」が最初に歌われるが、「大氷川の獅子舞」では「まりがかり」という演目で、

「廻れよ車水ぐるま　早く廻りて　関に止まれ」と歌われる。

秋田の「ささら」で女獅子が隠れたりする内容の歌は、「大氷川の獅子舞」では、「女獅子隠し」の演目で歌われる。

「大氷川の獅子舞」の最後の演目は「白刃」といい、「四方固め」ともいう。この演目で歌われる歌は、

「悪魔をはらいし獅子なれば　世国の人に　つのをもがれそ」である。

この歌は、秋田の大館市粕田獅子舞の「角もぎの儀礼」の歌、

「獅子の子はヤエー　生まれて落ちれば頭振る　嵐にもまれて角もげた」

などと共通した内容になっているのが注目してよい点である。

「小留浦の獅子舞」は、大氷川の獅子舞と同じく文挟流である。演目も共通したものが多い。最初の「いれは」の歌では、「京から下る（後略）」または「廻れや車（後略）」である。最後の「ひきは」の歌は、「太鼓の胴をきりりとしめて（後略）」が多い。

「白刃」の歌は、

「この獅子は如何なる獅子と思召す　悪魔を払う獅子なれば　余りせごくて　角がもげ候」である。


神奈川県相模原市では、歌が多く歌われる獅子舞があり、秋田県のささらなどとの共通性があるので、ここでは、下九沢《しもくざわ》の獅子舞を取り上げる（注7）。

獅子舞が行われるのは、八月二十六日の御嶽神社例大祭である。

所役は、巻獅子・女獅子・剣獅子、岡崎、ササラを持つ花笠二人、笛、歌などがある。

「オオバヤシ」で、岡崎が前、巻獅子・女獅子・剣獅子の三頭の獅子が後ろで、横一列に並ぶ。岡崎が中央にある砂盛りの榊を取り、榊を振って、世話人に渡す。それから、砂盛りを崩す。

「オカザキ」、獅子は太鼓を叩きながら前進する。丸くなり、時計回りに少しずつ廻りながら太鼓を叩くなどする。

「ブッソロイ」、横一列で太鼓を叩き歌になる。

「なりをしずめて　おききやれ　われらがささらの　うたのしなきけ」

「このみやは　なんたるだいくが　たてたやら　しほうしめんに　くさびひとつで」

「カッキリ」、足を引いて身体を左右に動かしながら、歌の時は縁を叩き、歌がない時は太鼓を叩く。

「みなみなもうせば　かぎりなし　たいこをはやめて　あそべともだち」

「オカザキ」、獅子三頭は三角形になり、岡崎も加わり、時計回りに廻る。

「まわれやくるま　つづいてまわれ　おそくまわれば　せきをとめる」

「きょうからくだる　からゑのびょうぶ　ひとへにさらりと　たちもうさいな」

「フミコミ」、次の歌の時に内側を向いて片足を前に出し太鼓の縁を叩く。

「つくばねの　みねよりおつる　みなのかわ　こいぞつもりて　ふちとなりぬる」

一節ごとに歌い、歌がない時には、時計回りに廻ったり、反時計回りに廻る。歌の時には内側を向いて片足を前に出し太鼓を叩く。

「このごろは　まいろまいろと　おもへども　はしはいしばし　とぶにゃとばれぬ」

前と同様な所作が続く。

「オカザキ」、「たいこのひょうしに　おにわのひょうし　ひょうしをそろえて　みせもうさいな」

「サンビョウシ」、太鼓の縁を叩いて時計回りに廻る。太鼓を叩きながら足を前に出す。

「コシャギリ」、「ひとつを　すごいぞ　のうかいせん」

太鼓の縁を叩き左右に動く。足を前に出しながら太鼓を叩いて廻る。

「くにからは　いそげもどれと　ふみがくる　おいとまもうして　いざもうさいな」

「オオシャギリ」、太鼓を叩きながら時計回りに跳んで廻る。内側を向いて太鼓を叩く。

「たいこのどうを　きりりとしめて　おにわでささらを　すりとめた」

「オサメ」、横一列になり太鼓を叩く。礼をして終わる。

この獅子舞では、他の地域でみられる二頭の男獅子による女獅子の取り合いが見られないし、それに関わる歌もない。

注目すべきは、「ブッソロイ」と「カッキリ」で歌われる歌で、

「なりをしずめて　おききやれ　われらがささらの　うたのしなきけ」

「このみやは　なんたるだいくが　たてたやら　しほうしめんに　くさびひとつで」

「カッキリ」では、

「みなみなもうせば　かぎりなし　たいこをはやめて　あそべともだち」

である。

他の地域では多くみられないが、秋田のささらなどで歌われる最初の歌との比較ができるものである。

続いて歌われる「まわれやくるま」と「きょうからくだる」で始まる歌は、秋田のささらや奥多摩町の獅子舞とも共通している。

それに、奥多摩町などの獅子舞で「神立」といわれる演目があり、秋田のささらの「神立」との共通性がある。

注

1　『奥多摩町誌資料集六　奥多摩町の民俗　民俗芸能』（奥多摩町教育委員会　昭和五十七年）
2　注1書
3　注1書
4　注1書
5　本田安次『東京都民俗芸能誌　上巻』（錦正社　昭和五十九年）
6　坂本忠『境白髭神社獅子舞記録保存資料』（平成十四年）
7　『獅子舞調査報告書　第四集　下九沢の獅子舞』（相模原市教育委員会　平成六年）

三　群馬県などの獅子舞

1　群馬県渋川市行幸田《みゆきだ》の獅子舞（注1）

奥多摩町境の獅子舞と同じ鹿島流といわれる群馬県渋川市行幸田の獅子舞を、比較のために取り上げる。
奥多摩町の獅子舞は演目が十二立といい、数が多い。しかし、行幸田の獅子舞は、大岡崎の舞、渡り拍子、ちりとる、どうじょうねの舞と続き、これらの獅子舞では歌は歌われない（写真14－1、14－2）。
続いて十二切りになる。この獅子舞で歌が歌われる。
「入り違い」に続いて「眞庭」で、
「京から降った唐絵の屏風を一重にさらりと日が廻された」である。
居眠り
「参り来てこれの御庭で獅子ふらば神も喜ぶ氏子繁盛」
天狗拍子
「我れ我れは大山育ちの者なれば大山で育つは天狗拍子よな」
伊勢切り
「獅子の生まれは京都で生まれ伊勢育ち腰に挿したは伊勢の祓い」
鹿島切り
「鹿島から奇良奇良と望まれて永いまわした鹿島切りやな」

写真14－1　廻りながら踊る

写真14－2　廻りながら踊る

中入り

「是の御庭で羽子を休めた　是の御庭で羽子を休めた」

立歌

「海の端に白鷺が巣をかけ波に打たれて一寸立ちたった」

三拍子

「ささらが見たくば戸板を出しやれ　戸板の上にも三拍子やな」

山雀の切り

「大山に登り山がおいとて　里に下り之の御庭で山雀の切りを」

「山雀は山がおいとけ　里に下り之の御庭で山雀の切りを」

女獅子隠し

「思いがけなく朝霧にまかれそれで女獅子が一寸隠された」

「松にからまる蔦の葉も縁が切れて一寸ほぐされた」

女獅子出し

「我が里から文が来て読んで見たれば帰れと書いたった」

以上、十三の歌が歌われる。最初の歌は、これまで多くの獅子舞で歌われてきたものである。鹿島流といわれることと関わるかは分からないが、「鹿島切り」では、鹿島に関わる歌が歌われる。

さらに、群馬県の歌が多く歌われる獅子舞を取り上げていく。

2　群馬県甘楽町《かんらまち》那須《なす》の獅子舞（注2）

那須の獅子舞は稲荷流の元祖といわれる。稲荷流の獅子舞は高崎市、藤岡市、富岡市、安中市などに広く分布している

那須の獅子舞の由来などについて書かれた文書には、演目、それぞれの演目で歌われる歌が掲載されている。

「花吸」は、歌は、

「天神林の梅ノ花、つぼむさかりにきょくあはす〱〱」である。

「舞台掛り」は、歌は、

「七ツ拍子　ハッハッ拍子　九ッこひやし　とんひゃうしかな〱」である。

「御幣掛り」は、歌は、

「やまがらが　さしこのうちニテもどりうつ　それをみまねてもとりうちやれな〱〱」である。

「笹欠リ」は、歌は、

「をくこまの　にわのさくらに　つなぎおき　こまがいさめば　花ちりそろ〱〱」である。

続いて「雷電伐り」になる。これまで見てきた秋田のささらの「神立」との関わりがあるので、この演目の解説を見ておく。

「獅子雷電伐リ陰陽之アイタタカイ稲ヲ含義也則雷ノ稲光夏ト秋トのタタカイ也　七月光ハ稲之妻也　稲実ノル義也依テ神前舞子始似タリ」

とあり、雷と稲作との関わりが書かれている。歌は、

「おく山の　なる神たちのいつることとくは　このことくかな〱〱」

という歌で「神たち」という言葉が入っている。「獅子隠し」で歌われる歌は多いが、これまで取り上げてきた歌との共通性も多いので全て掲載する。

「我かとのが　たかを　そらいち　おくやまて　なりをしつめて　すずのねをきく」
「はるさめに　にわのほこりを　うちしめし　にわがよいとてここ露ゆるすな〳〵」
「いささら我らも　きりをかいそろ」
「うつらこうが　こよいばかり　しばやまに　あすはのにでてなごりしばやま〳〵」
「十五夜の　ちちこのいろかわるとも　女獅子　男獅子こころかわるな〳〵」
「おもいかけず　あさぎりがおりて　ここでめじしをかくされた〳〵」
「なにと女獅子をかくしても　ついに一度は　めくりわうべし〳〵」
「きりに女獅子をかくされて　こころならずにぐるししかな〳〵」
「男獅子こそこよしの庭にあこかれて　さわをのほりにこゑのうたよみ〳〵」
「十七の　むねにつぼみし二ツもの　一つたまわれこゑの薬りに〳〵」
「南無薬師　おもいし妻にあわせてたまはれ　にしきのみとちょうかけてまいらしょ〳〵」
「天竺のあいそめ川原のはたにこそ　しゅくせむすびの神のたたりだ〳〵」
「まことにしく世の神ならば　女獅子男獅子をむすびあわせて〳〵」
「笛吹きのにほい袋のおかとけて　ぢゃかうこぼれておいおもしろ〳〵」
「薬師の御むそうはやめてそうろう　おばなのかげにみえるうれしさ〳〵」
「おくやまのなる神達のおてやることしこのことよ〳〵」
「おくやまで　笛とたいこのねがすれば　女獅子　男獅子がかたならぶる〳〵」

「まつやまの　まつにからまるつたくさも　えんがきれればほろりほぐれる〳〵」

これらの歌の中に「なる神達」とあり、秋田のささらの「神立」が女獅子隠しと同様な内容であることも共通している。

この演目の獅子舞は、秋田のささらなどの歌と比較すると、女獅子を取り合うことに関わる歌が数多い。

「綱欠り」「鞠欠り」「弓欠り」「こばん欠り」などの歌は省略する。

那須の獅子舞について、改めて全体的に見ておく。

行われてきたのは、稲含《いなふくみ》神社の秋祭りで獅子舞を行うかどうかを決めるのは二百十日であった。嵐などが来なければ獅子舞を行った。祭りのほかに雨乞いと疫病送りを行った。

所役は、獅子三頭の他に、狐、太夫、奴、オカザキ、女方と多彩である。獅子頭は毎年金紙・銀紙を張り替えた。龍頭という。

獅子舞の演目は十八ある。

「舞台がかり」「幣がかり」「笹がかり」は子供が行う。

「笹がかり」と「幣がかり」には狐が出る。

「碁盤がかり」は、女方が使ううちわ太鼓を碁盤に見立てる。

「花吸い」はオカザキが被る花笠を使うが、被る人は誰でもよい。

「鞠がかり」「綱がかり」「女獅子隠し」「剣の舞」「剣がかり」、そして「弓がかり」は弓をくぐることはしないで、弓に掛かり、弓を射る。

「六人」というのは、獅子が二組の六頭で行われる。

「十六人獅子」は、獅子六頭、狐、オカザキ二人、子踊りの女方四人、子踊りの奴三人で、合わせて十六人で行う。

その内容は十六切りあるという。

そして最後に行うのが「礼ざさら」で、お礼の舞だという。

以下、他では見られない演目を中心に見る。

雷電伐り

右手で扇を持ち左手の幣は肩に担いで、太夫が登場する。四隅を時計回りに一廻りし、正面に来て前進。座って拝礼をする。

扇を広げ立ち、前進・後退する。扇で左右を祓う。扇を上方で持ち、時計回りに廻り、反時計回りに廻り返す。扇で左右を祓い、時計回りに廻り反時計回りに廻り返すのを二回行う。

雷太鼓を持った女方が登場する。太夫は時計回りに廻り反時計回りに廻るのを繰り返す。女方は太鼓を叩きながら時計回りに四隅を廻る。反時計回りにも廻る。

獅子三頭が登場し、横一列に座る。獅子が立ち、獅子と女方が太夫の周りを廻る（写真15－1）。太夫が中央で獅子三頭と女方四人が向かい合う。このことを三回繰り返す。

歌が歌われ、

「ししどもは遊びたけれど　日が暮れる　おいとま申してもどれししども　おいとま申してもどれししども」

獅子と女方は向かい合い前進・後退し（写真15－2）、女方、続いて獅子退場（写真15－3）。

太夫は座ってから、立って扇を前に持ち、一歩一歩進み退場する。

オカザキ六人

写真15－１　獅子と女方が太夫の周りを廻る

写真15－２　獅子と女方は向かい合い前進・後退する

写真15－３　女方、続いて獅子退場

写真15－４　オカザキ

写真15－５　獅子３頭と狐、オカザキが向かい合う

写真15－６　獅子とオカザキ、狐が向かい合い前進・後退する

御幣と軍配を持った狐、オカザキ二人（写真15－4）が登場する。狐がオカザキを先導する。四隅を時計回りに一廻りする。

獅子が登場し、獅子三頭と狐・オカザキが向かい合う（写真15－5）。一廻りして向かい合う。それぞれが前進・後退する。狐が獅子を先導し、時計回りに四隅を廻る。

前と同様に向かい合い、一廻りして向かい合う。歌がかかる。

「ししどもは遊びたけれど　日が暮れる　おいとま申してもどれししども　おいとま申してもどれししども」

一廻りして向かい合い、前進・後退する（写真15－6）。

オカザキ退場、獅子二頭退場。最後に後獅子が狐を背負って退場する。

かんざし踊り

「子踊り」（写真15－7）と「かんざし踊り」は、女方四人と奴三人の演目である。奴の口上がある「かんざし踊り」だけをみる。

①女の子が四人袖を持ち、手を振りながら登場し一廻り。右腕を伸ばして前から横に動かす。続いて、左右と交互に一歩ずつ進み、半周し座る。

奴の男の子三人が登場。「エイ、エイ、エイ」と左手・右手を交互に額に当てて一歩一歩進む。「エイヤナー」と言い女の子と向き合う。その場で左右に腰を振りながら蹲踞《そんきょ》する。

②男の子は「ヤー」と言い左右の手を交互に叩きながら進み一廻りし、「エイヤナー」と言う。女の子も手を叩きながら一廻りする。

③女の子も男の子も、右・左の頭上で手を三回ずつ叩きながら一廻りする（写真15－8）。その時男の子は「ヤー」

写真15－７　「子踊り」での女方と奴の踊り

写真15－８　女方も奴も手を叩きながら廻る

写真15－9　女方と奴は向かい合い前進・後退する

と言いながら進み、最後に「エイヤナー」と言う。
④女の子・男の子は向かい合い、手を叩きながら前進し戻る。男の子は前進し「ヤー」と言い、戻って「エイヤナー」という（写真15－9）。繰り返す。
⑤前進し戻ることを二回行うが、前と所作が若干異なる。女の子退場。
⑥男の子三人は左右に腰を振りながら蹲踞する。立って、三人の先頭の子が「いざな」と言い、後の二人が「いかにも」と応え、前を向き「エイ、エイ、エイ」と言いながら前進し「エイヤナー」と言う。
この後、三人の男の子が順番に口上を唱える。
一番目の子は、
これさかたがた見渡せば　今年春より秋までの　やまいあんきのなきように
ごこく蚕も十分に　とれて豊かにくらすよう　願いかけたる氏子ども
二番目の子は、
いかにもいかにも神たる願いのおんれいに　神をいさめるししささら

村中こぞって秋祭り　神々おわすことならん
三番目の子は、
おーさ　おーさ　祭りと聞いて面白し　舞台がかりが始まりで
四方注連張るささがかり　悪魔を払うつるぎ舞　九十九庭もある中を
奴踊りでいさみこむ　天下泰平と目出度く納め、　いざ大いそぎ

と、口上が終わり「エイ、エイ、エイ」と言いながら、奴の男の子三人は退場する。

ここで紹介した演目は、秋田のささらではみられない演目である。また、奴の口上があり、これは栃木県の獅子舞の奴の口上と共通したものがある。

群馬県で広範囲に行われている稲荷流の獅子舞は、演目が多く、特に「女獅子隠し」は歌が多く歌われるが、秋田のささらと比較すると、男獅子が女獅子を取り合うことに関わる歌が多くなっている。

3　埼玉県秩父市の獅子舞

埼玉県の獅子舞であるが、獅子舞の内容が群馬県の獅子舞と共通し、下妻流と名乗っているので、ここで取り上げる。

秩父市黒谷《くろや》の獅子舞、皆野町皆野《みなの》の椋神社の獅子舞（写真16－1）、同町三沢《みさわ》の獅子舞は、それぞれ下妻流という。演目が多い獅子舞で、歌が多い演目としては、女獅子を取り合う演目と、主に廻りながら歌に合わせて舞う演目がある。それと「下妻」という演目があり、これは秋田の「踞《ねまり》」といわれる演目と共通したものがある。ここでは、黒谷の獅子舞を取り上げる。

秩父市黒谷の獅子舞（注3）

黒谷の獅子舞は、聖神社の春と秋の祭りに行われる。所役は、太夫獅子、女獅子、男獅子、花笠二人、それに、笛方、親方などである。

宿割

他の地域では「女獅子隠し」といわれることが多い。舞うのは軍配を持った親方と三頭の獅子である。

獅子が舞う場に入り、親方と三頭の獅子は向かい合う。水引を下ろし始まる。

足踏みしながら太鼓を叩く。右手のバチを斜め前に出す。座って、左右の足を交互に横に出しながら太鼓・太鼓の縁を叩く。立って、足を交互に前に出しながら太鼓を叩く。足踏みしながら太鼓を叩き、右手のバチを斜め前に出す。

座ると立つの所作を繰り返す。

以上のことは、他の演目と共通で「足揃え」といい、準備運動のようなものであるという。

二つの花笠が中央に出て、その周囲を、太鼓を叩きながら内側を向いたり外側を向いたりして時計回りに廻る（写真16－2）。

「二十日市　また立ち返り　来て見れば　黄金小草　足にからまる　黄金小草　足にからまる」

前と同様に花笠の周囲を廻り続ける。

「我が親が　植えて育てし　姫小松　一枝たをめて　腰を休めろ　一枝たをめて　腰を休めろ」

親方を先頭に太鼓を叩きながら廻る。

写真16－１　皆野椋神社の古い獅子頭

写真16－２　花笠の周囲を、太鼓を叩きながら廻る

「思ひもよらぬ　朝霧がおりて　そこで女獅子　隠されたよな　そこで女獅子　隠されたよな」

花の間を廻り、女獅子が花の間に入る。二頭の男獅子は太鼓を叩きながら花の周囲を廻る。

「山がらは　山でういと　里に出て　之のおにはで　羽を休めろ　之のおにはで　羽を休めろ」

女獅子は座って太鼓を叩く。二頭の男獅子は太刀を咥《くわ》える。そして、外側を向いて花の周囲を廻る。

「山がらは　さしこの内で　もどりうつ　それを見まねて　もどり打たばよ　それを見まねて　もどり打たばよ」

二頭の男獅子は向かい合って太鼓を叩きながらたたかう（写真16－３）。

「とても打つなら　今一度よな」

二頭の男獅子向かい合い太鼓を叩く。男獅子は花に背を向けて廻る。

「奥山の　岩に女獅子　すをかけて　岩をくだいて　女獅子たずねろ　岩をくだいて　女獅子たずねろ」

男獅子は太刀を口からはずす。そして花の周囲を内側・外側を向いて廻る。

「誠にや　千草結びの　神も立つ　女獅子男獅子　結び合わせろ　女獅子男獅子　結び合わせろ」

男獅子は花の間に入り、女獅子も立って踊る（写真16－４）。獅子三頭で内側・外側を向いて花の周りを廻る。

「中立は　中で心　千草より出でて　女獅子男獅子　かたを並べろ　女獅子男獅子　かたを並べろ」

同じ所作が続く。

「天じくの　あいそめ川の　はたにこそ　千草結びの　神のたたりよ　千草結びの　神のたたりよ」

花がしりぞく。獅子は丸くなり踊る。

「海のと中　浜千鳥　波にゆられて　たんと立ちそろ　波にゆられて　たんと立ちそろ」

獅子は内側を向いて外側を向いて廻る。

「嬉しやな　風にかすみ　まきあげて　女獅子男獅子　おざ嬉しや　女獅子男獅子　おざ嬉しや」

写真16－3　２頭の男獅子は向かい合って太鼓を叩いてたたかう

写真16－4　男獅子は花の間に入り、女獅子も立って踊る

歌が終わると、親方と三頭の獅子は向かい合う。獅子は前進・後退する。丸くなり内側・外側を向いて時計回りに廻る。

「京から下り　からへのびょうぶ　ひとえにさらりと　引き合わせろ　ひとへにさらりと　引き合わせろ」

内側・外側を向いて時計回りに廻る。

「松山の　松にからまる　つたの実も　えんがつきれば　ほろりほぐれろ　えんがつきれば　ほろりほぐれろ」

内側・外側を向いて時計回りに廻る。その場で回り、時計回りに片足跳びで回りながら廻る。

「いつまでも　遊びたけれど　我が国に　雨の降りそな　雲が立つ　之のお庭で　羽を休めろ　之のお庭で　羽を休めろ」

内側を向いて太鼓を叩きながら時計回りに廻る。その場で二回回り、親方と獅子三頭は一列になる（写真16－5）。

獅子は水引を上げ太鼓を叩きながら退場する。

四切交

続いて「四切交」について見る。

この演目は親方と獅子三頭が二組の八人で行う。最初の足揃えは「宿割」と同じである。その後からみていく。

丸くなり太鼓を叩きながら時計回りに廻る。内側を向いたり、外側を向いたりする。

「廻れよ車　水車　細く廻りて　せきにまような　細く廻りて　せきにまような」

前と同じ所作である。

「奥山の　松にからまる　つたの実も　えんがつきれば　ほろりほぐれろ　えんがつきれば　ほろりほぐれろ」

歌が終わり、その場で回り、右手のバチを中央に出す（写真16－6）。時計回りで太鼓・太鼓の縁を叩きながら片

写真16－５　親方と獅子３頭は一列になる

写真16－６　右手のバチを中心に向かってバチを入れる

足跳びで回りながら廻る。歌の間も同じことを繰り返す。

「此の宮は　九間八棟　ひはたぶき　ひはたやつして　小金うわぶき　ひはたやつして　小金うわぶき」

内側を向いて両足跳びで太鼓を叩きながら時計回りに廻る。内側を向いて、太鼓の縁を叩き、太鼓を叩く。右手のバチを中央に出し、それぞれ回って右手のバチを中央に出す。

「十七の胸に　下がりし　二つ物　一つおくりやれ　恋の薬に　一つおくりやれ　恋の薬に」

歌の間、太鼓を叩き、太鼓の縁を叩きながら時計回りに廻りながら回る。

歌が終わると、内側を向いて、両足跳びで太鼓・太鼓の縁を叩きながら時計回りに廻り、足踏みして太鼓を叩く。中心に向かってバチを入れる。回ってバチを入れる。

時計回りに廻りながらそれぞれが回り、太鼓・太鼓の縁を叩く。次の歌の間も同じことを続ける。

「夏くれば　森も林も　くつわ虫　なりをしづめて　歌のふしよきけ　なりをしづめて　歌のふしよきけ」

内側を向いて両足跳びで時計回りに廻りながら、バチを叩き、太鼓を叩く。足踏みしながら太鼓を叩く。中心に向かってバチを入れる。回ってバチを入れる。

前と同じ所作で、歌の間まで続く。

「吾々は　京が生まれで　伊勢育ち　腰にさしたる　伊勢の方はらへ　腰にさしたる　伊勢の方はらへ」

前と同じ所作が続く。

「この宮へ　はるか参らせ　来て見れば　聖大門　黄金切石　聖大門　黄金切石」

内側を向いて、両足跳びで時計回りに廻り、太鼓・太鼓の縁を叩く。その場で足踏みをしながら太鼓を叩く。バチを中央に入れ、回ってバチを入れる。

続いて、歌の間まで前と同じ所作が続く。

「十七の　裾のほころび　縫わせましょか　それを見る　みる切りをちがへた　それを見る　みる切りをちがへた」

前と同じ所作。

「武蔵野に　月の入るべき　山もなし　尾花千草に　きりや横雲　尾花千草に　きりや横雲」

同じ所作。

「いつ迄も　遊びたけれど　日は暮れる　お暇申して　もどりこざさら　お暇申して　もどりこざさら」

内側を向いて太鼓を叩き、その場で二回り、両足跳びで時計回りに廻りながら太鼓を叩く。

親方と三頭の獅子二組はそれぞれ一列になり、水引を上げ退場する。

下妻

この演目は「ねむりササラ」ともいわれる。秋田のささらにおいても「踞《ねまり》」といわれる演目があり、比較のために取り上げる。

他の演目と同様に、最初に足揃えを行う。その後は、横一列になり、女獅子が初めに出て踊る。昼寝の場所を見つけるためである。道化が出てきて、中央に敷物を敷く。

女獅子は、時計回りに廻り、廻りながら、四分の一廻ると、頭を振る（写真16－7）。

一廻りすると敷物を渡る。敷物の反対側から渡り、反時計回りに一廻りする。それから、一頭の先獅子を引き出す。

女獅子と先獅子は敷物の周りを内側・外側を向きながら時計回りに廻る（写真16－8）。

敷物の両側で女獅子と先獅子は向かい合い、太鼓を叩き続ける（写真16－9）。

敷物に膝を乗せ向かい合う。敷物の上にあがり、背中合わせになり眠る（写真16－10）。

もう一頭の後獅子が立ち上がり、敷物の周囲を時計回りに内側・外側を向いて廻る。道化たちは敷物の上の獅子を

写真16－７　女獅子は頭を振る

写真16－８　女獅子と先獅子は敷物の周りを時計回りに廻る

写真16－９　女獅子と先獅子は向かい合い太鼓を叩く

写真16－10　背中合わせになり眠る

写真16－11　後獅子が２頭の獅子を見る

紐で縛る。

一廻りして、内側を向いて敷物の上の二頭の獅子を見る。右から左からじっくり見る（写真16－11）。道化は縛った紐をとく。

後獅子は敷物の上の女獅子を奪い、二頭で太鼓を叩き合う。先獅子を道化が揺り起こし、二頭の男獅子が争う。先獅子が女獅子を奪い、争った後、後獅子が女獅子を奪い返す。

三頭は横一列になり、背伸びをしながら左右に頭を振り太鼓を叩く。歌になる。

「笛と太鼓と獅子で　神をいさめのささら　ふちならす」

丸くなり、内側を向いて片足を前に出したり、大きく時計回りに廻ったりする。そして、大きく片足跳びで時計回りに廻る。

横一列になり、前進・後退し、前進しバチを地面につく。水引を上げて足を前に出し、一回りして、退場する。

秩父の三ヶ所の獅子舞は下妻流といわれ、茨城との関わりがあるし、「下妻」といわれる演目もある。女獅子を取り合う演目は、群馬の稲荷流の「女獅子隠し」とは名称が異なるが、歌の内容は類似したものが多くなっている。

4　群馬県みなかみ町藤原下組の獅子舞（注4）

諏訪神社の祭りに行う。旧暦の七月二十七日であったが、その後八月十七日に行っている。

下組の獅子舞の所役は、前獅子、女獅子、後獅子、笛二人、太鼓二人、花笠である。

演目ごとに歌を中心にみていく。

国久保

「入羽」は、笛二人、太鼓二人、花笠、前獅子、女獅子、後獅子の順に入る。「遠見の座」で横一列になり、所作が続く。「前吉利」の歌は、

「廻れ廻れ水車　遅く廻りて　せきに止まるな　せきに止まるな」である。

この歌の時には、時計回りに廻る（写真17－1）。

「歌吉利」では、

「詣り来てこれのお庭をながむれば　四方四角に　枡形の庭　枡形の庭」

で、その場で回ったり頭を左右に振ったりする。座って膝をつく。

「お庭から諏訪の社前をながむれば　かきゃ揃いた　麻の初引き　麻の初引き」

その場で回る。バチを地面につくなどする。座って膝をつく。

「しだれ柳を引き留めて　これに宿れや　十五夜の月　十五夜の月」

写真17－１　時計回りに廻る

写真17－２　女獅子は前獅子と後獅子の間を行ったり来たりする

写真17－３　花の周りを時計回りに廻る

写真17－４　前獅子と後獅子が女獅子を取り合う

バチを地面につける。

「小歌吉利」での歌は、

「七つから今まで連れたる女獅子をば　これのお庭で　隠しとられた　隠しとられた」である。

女獅子は、前獅子と後獅子の間を行ったり来たりする（写真17－2）。

「女獅子隠され味気なや　いざや友獅子　女獅子尋ねろ　女獅子尋ねろ」

女獅子は、前獅子と後獅子の間を行ったり来たりする。

「なんと女獅子を隠すとも　これのお庭で　尋ね逢うべし　尋ね逢うべし」

横一列になり、三頭一緒に舞う。花が出る。

「岡崎」、花の周りを時計回りに廻る（写真17－3）。前獅子と後獅子が女獅子を取り合う（写真17－4）。花が退く。

「中吉利」で、

「風吹けばかかる霞も吹き払い　ここで女獅子に　逢うぞ嬉しや　逢うぞ嬉しや」と歌われる。

女獅子が少し下がり、前に前獅子と後獅子が並び、女獅子は横に動き、前獅子と後獅子は前後に動く。

「雲吉利」で、

「雲のように晴れたる雲のふりを見て　それを見まねに　霧をこまかに　霧をこまかに」である。

前と同じように動き、バチを地面につける（写真17－5）。所作が続き、

「後吉利」で、

「十七の裾やたもとに糸つけて　しなやしなやと　後へ控えな　後へ控えな」である。

座ってバチを地面につけて終わる。

写真17－5　かがんでバチを地面につける

写真17－6　横一列で片足跳びで地面をすくうようにする

日本がかり

「入羽」で、笛二人、太鼓二人、花笠一人、前獅子、女獅子、後獅子、の順で入る。

「初吉利」で、横一列で片足跳びで地面をすくうようにする（写真17－6）。

「庭見」では色々な所作があり、「前吉利」になる。

「京でごかんの唐絵の屏風　一重にさらりと　立や廻した　立や廻した」

時計回りに廻りながら横一列になる。

「居眠り」「嬉戯」では座って両手をついて伏せる。座って左右のバチを交互に上げる。

「歌吉利」で、

「朝日さす夕日輝くその下に　黄金造りの　お宮たちそうろう」である。

「この宮は天から下がりてお立ちある　黄金造りの　お宮輝く　黄金造りの　お宮輝く」

膝をついて、前を向き、横を向きバチを地面につけるなど所作を続ける（写真17－7）。

「仲立ちの打つや太鼓に花咲いて　花を散らさで　遊べ仲立ち　花を散らさで　遊べ仲立ち」

「飛躍の座」では、足踏みしながらバチを横にすくうなどの所作を行う。

花笠が出て「花見世の座」になり、獅子三頭は時計回りに廻る。前獅子と後獅子が争う（写真17－8）。

花笠が下がり「中吉利」になる。

「白鷺があとを見かねて立ちかねて　水をならさで　立つや白鷺　立つや白鷺」

横一列で所作をする。「雀の吉利」で、

「天神様の群ら群ら雀　羽を揃いて　羽をかわいせ　羽をかわいせ」である。

その場で回り頭を振る。バチで横にすくうなどの所作をする。

写真17－７　膝をついて左右のバチを交互に上げる

写真17－８　前獅子と後獅子が争う

「後吉利」では、

「斯国で雨が降るげで雲が立つ　お暇申して　花の都へ　花の都へ」である。

女獅子は横に動き、前獅子と後獅子は前後に動く（写真17－9）。

「社吉利」では足を揃え頭を左右に振ったりして、座って礼をしておわる。

やまがかり

笛二人、太鼓二人、花笠、前獅子、女獅子、後獅子の順で入り「入羽」が始まる。獅子は片足跳びで左右のバチですくいながら進む。

「初吉利」で、横一列で頭を左右に振る（写真17－10）。

「庭見」で、前獅子と後獅子が横に並び、後ろに女獅子が三角になるように並ぶ。三頭が縦に並んだりもする。

「前吉利」で、

「京ではやりし牛車　この座をさらりと　曳きや廻した　曳きや廻した」と歌われる。

歌に合わせて廻りながら横一列になる。

「歌吉利」では、

「雨降れば庭のほこりもはや湿る　出でて舞《まい》けよ　宴の殿原」である。

横を向いて頭を振り、半回転して頭を振ったりする。

「揚がる鞠落ちて来る所を　蹴飛すれば　三方桜に　とまる鞠かな」

横を向いて、前を向いての所作の繰り返し。

「十五夜の月の出でるを待ちかねて　ともしかけたる芋殻松明」

写真17－９　女獅子は横に動き、前獅子と後獅子は前後に動く

写真17－10　横一列で頭を左右に振る

片膝ついて右手のバチで地面を叩く。立って踊る。

「小歌吉利」では、

「奥山の沢の出口に牝獅子居た　なんとかなしておびき出さはよ　おびき出さはよ」である。

三頭それぞれ自由に踊り（写真17－11）、

「南無薬師尋ねる妻に逢わせられ　綾のみ戸帳を　かけて参らしょ　かけて参らしょ」と歌われる。

花が出て「遠乗りの座」では、

「夜来て夜来て夜戻る　遠乗り茶鞍はよい茶鞍」

の歌が踊りの間に繰り返される。三頭の獅子は花笠の周りで頭を左右に振りながら踊る。

前獅子と後獅子は女獅子を取り合う（写真17－12）。花が退く。

「中吉利」では、

「風吹けばかかる霞も吹き払い　ここで牝獅子に　会うぞ嬉しや　会うぞ嬉しや」

の歌が歌われ、横一列で足踏みしながら頭を振る。

「駒の吉利」では、

「京で六りょの駒を見し　伏せや起こせや　駒の折膝　駒の折膝」である。

獅子三頭はそれぞれ踊る。

「後吉利」では、

「白銀の遣堵の障子を後へ引く　それを見真似に　後へ控えな　後へ控えな」

横一列で足踏みし左右に頭を振る。

「社吉利」で、頭を振り、半回転する。前を向いて足を交互に上げ、膝をついて礼（写真17－13）。

写真17－11　３頭それぞれ自由に踊る

写真17－12　前獅子と後獅子は女獅子を取り合う

写真17－13　膝をついて礼をする

この獅子舞の「前吉利」と「後吉利」の歌についてまとめておく。

「国久保」の「前吉利」の歌は「廻れ（後略）」で始まり、「後吉利」の歌は、

「十七の裾やたもとに糸つけて　しなやしなやと　後へ控えな　後へ控えな」である。

「日本がかり」の「前吉利」は「京でごかんの（後略）」で始まり、「後吉利」の歌は、

「斯国で雨が降るげで雲が立つ　お暇申して　花の都へ　花の都へ」である。

「やまがかり」の「前吉利」の歌は、

「京ではやりし牛車　この座をさらりと　曳きや廻した　曳きや廻した」で、「後吉利」の歌は、

「白銀の遣堵の障子を後へ引く　それを見真似に　後へ控えな　後へ控えな」である。

「前吉利」の歌の、「廻れ（後略）」や「京でごかんの（後略）」は、これまで取り上げてきた獅子舞と共通するが、「京ではやりし（後略）」の歌は、これまではみられない。

ただ、この歌の最後の「曳きや廻した」は、「京でごかんの（後略）」最後の「立てや廻した」と共通している面がある。「日本がかり」の歌は、最後の「花の都へ」はこれまでと共通している。

この獅子舞の「前吉利」と「後吉利」の歌は、共通している点もあるが、相違している場合でも共通している要素があることが注目すべき点である。

「後吉利」の歌は、「国久保」と「やまがかり」は「後へひかえな」が共通している。

5　群馬県中之条町岩本獅子舞（注5）

獅子舞は、岩本諏訪神社の九月二十七日の祭りに行われる。

所役は前獅子、中獅子、後獅子の獅子三頭、天狗、笠を被る頭太鼓、サルとオニは手にササラを持つ。

演目は前庭と後庭からなる。

前庭については、簡単に見ておく。

「ヒャーヒャート」に次いで、太鼓のみの「内崩し」になり、

「まわれやくるまみずぐるま　おそくまわりて　せきにとまるな　せきにとまるな」と歌われる。

続いて、「きり」も太鼓のみで、

「青やぎの糸くりかえし立戻り　諏訪のお庭にまいるめでたや　まいるめでたや」

「まいりきて諏訪のみたらしながむれば　池にそりはしかもやすらん　かもやすらん」

「諏訪の宮九間八棟ひはだぶき　しゃでんなげしは黄金なるもの　黄金なるもの」

「押鴨はなにをはむやらとしどしに　いねのこぐさけその葉ばかり　けその葉ばかり」

「ねぎどのは金らんどんすのけさかけて　まつりはやくといそぐめでたや　いそぐめでたや」

続いて「内崩し」、「トーピーチャーチャプラ」である。後庭と同様な歌、

「思いもよらぬ朝ぎりがおりて　きりに女獅子をかくされた　かくされた」

「あなたも男獅子こなたも男獅子　心合せて女獅子たづねに　女獅子たづねに」

「松山に松をそだててみとすれば　つたはにしものよれてからまる　よれてからまる」

「あれみさい女獅子男獅子のふりみさい　よれつおくれつよれになるもの　よれになるもの」である。

太鼓のみの「いどみ」では、

「おき中の二つの鴨は　波にゆられてはらはらとたつ　はらはらとたつ」である。

「岡崎くずし」で、

「春駒を庭の桜につなぐまい　駒がいさめば花がちりそう　花がちりそう」である。

太鼓のみの「春駒のきり」、続いて、太鼓のみの「すくい」になり、

「十七のきりをきりをとせめられて　いつかよもあけ花のあさぎり　花のあさぎり」である。

太鼓のみの「十七のきり」「ヒンリャリ」と続く。

「天竺天のなるいかづちの　おでやるごとくはこのごとく　このごとく」

「すくい」では、

「十七のひだりたもとに糸つけて　そろりそろりとひけや友達　ひけや友達」であり、

「チャラテト」で終わる。

後庭についてみる。

「トーロトーゲ」で、サル、獅子三頭、オニが横一列になる。

「法眼の東下り　笈は何でつつんだ」

獅子は足踏みしながら太鼓、太鼓の縁を叩く。横向きで前進・後退する。

「錦のなゆたんかけて　鹿の子皮で包んだ」

「西までによりかかり　お笠めせよとよばわる」

時計回りに廻る。

「追い回し」、廻りながら踊る。

「本岡崎」、丸くなり片足跳びで太鼓を叩く。

「京で九貫の唐絵の屏風　ひとえにさらりと　たてまわせ　たてまわせ」

前を向いたり後ろを向いたりして太鼓を叩く。

「ヒャリヒャリトーロ」

「思わぬほかにあさぎりがおりて　きりに女獅子を　かくされた　かくされた」

歌の終わりには横一列になる。女獅子が中央に座る。

「十三からつれし女獅子をかくされて　いざやとも獅子　女獅子たずねに　女獅子たずねに」

片足跳びしながら前後に動く。前獅子・後獅子は背中合わせで太鼓を叩く（写真18－1）。

「若殿はたかをそろいておく山に　なりをしずめて　鈴の音をきけ　鈴の音をきけ」

片足跳びで太鼓を叩き、縁を叩く。背中合わせで太鼓の縁を叩く。

「おく山の中島川原の姫小松　たかがすむげで　鈴の音がする　鈴の音がする」

足踏みしながら太鼓の縁を叩く。背中合わせで太鼓の縁を叩く。

「なむやくし　たずぬるつまに会わせてたもれや」

写真18－１　前獅子・後獅子は背中合わせで太鼓を叩く

写真18－２　丸くなり太鼓を叩く

足踏みしながら太鼓、太鼓の縁を叩く。片足跳びで横に動く。背中合わせで太鼓の縁を叩く。

「笛吹きが何んと女獅子をかくすとも　おばのがくれに　みゆるうれしや　みゆるうれしや」

途中で女獅子が立って太鼓を叩く。前獅子・後獅子が向き合い太鼓を叩く。背中合わせで太鼓を叩く。

「人のよめごとせきしょがたなば　ゆらりくらりと　たつがよくそう　たつがよくそう」

獅子三頭が横に並び、太鼓を叩いて横に動く。丸くなり太鼓を叩く（写真18－2）。

片足跳びで太鼓を叩きながら前・後ろを向く。

「トーヒーガラガラ」

「七夕にかりてかすぞやあやにしき　あやと錦を　かいせ七夕　かいせ七夕」

丸くなり太鼓を叩く。片足跳びで太鼓を叩き、前・後ろを向く。バチを叩き太鼓を叩きながら早足で廻る。

「此の里はからたけばやしでふししげし　ふしをこまかに　きりをきらいな　きりをきらいな」

「トロロリ」、足踏みして太鼓を叩く。

「天竺天のむらむらすずめ　羽先をそろいて　羽をかいせ　羽をかいせ」

歌の途中で横一列になり、前進・後退をする。その場で太鼓を叩く。丸くなり太鼓を叩き前・後ろを向く。

「太鼓のどうをきりりとしめて　ささらをさらりとすりとめた　すりとめた」

歌の途中で横一列になる。

「オヘヒャリ」、太鼓を叩いて前進・後退する。その場で太鼓を叩き片足跳びをする。

礼をして、太鼓を叩く。頭太鼓が入り退場する。最後に残ったサルは激しく踊る。

以上は、調査で見ることができた後庭である。

『中之条町の郷土芸能』に掲載された歌について、追記したい。

後庭の「トオロオトオゲ」では、三つの歌が歌われたが、その間に入る歌を列挙する。

「かはらごにひるねしておとりかごわすれた」

「とりかごが二貫二百とりが三貫三百」

「合わせて五貫五百さてもおしのとりかご」

「十七のお方よりもさてもおしのとりかご」

「しもつまの高や殿は笛でなんぼめされた」

「吹く風に笛を吹かせて波に太鼓を打たせた」

「鎌倉の御所の前を笠をぬいで通れば」

最後の歌は、前に取り上げた三つ目の歌に意味がつながる。

これらの歌は、栃木県日光市栗山の獅子舞と共通していて、後で考察したい。

「本岡崎」は、取り上げた歌は一つであるが、他に四つ掲載されている。ここで列挙する。

「しだれ柳をしきたおし、これにやどれや十五夜の月、十五夜の月」

「しらさぎがかねをくわいてやつづれめこれのおせどのみくらぎにすむ、みくらぎにすむ」

「みくらぎの枝はいくつとながむれば、枝は九つ花が十六、花が十六」

「此の森に、たかがすむげで鈴の音、たかはすまねど、みかぐらの音、みかぐらの音」

6　群馬県中之条町平《たいら》の獅子舞（注6）

明治時代の神社合併以前は、諏訪神社があり八月二十一日に奉納していた。現在は吾妻神社と毘沙門様に奉納している。

所役は、先獅子、女獅子、後獅子、ボンデンをつけた金剛杖を持つ天狗、サル二人、頭太鼓、笛である。

演目は前庭と後庭がある。

前庭は「前庭振出し」「オカザキ」「ギンギャクマワリ」「キーカタ」「きりうた」からなる。

歌が歌われるのは「ギンギャクマワリ」と「きりうた」である。

「ギンギャクマワリ」の歌からみる。

「めぐりおおたか　あとのともだち　ヤージンギャクヤー」

「参り来てこれの鳥居をながむれば　こがねかさぎにしろがねのわく　ヤージンギャクヤー」

「この森にたかがすむげで笛の音　たかはすまねどみかぐらのおと　ヤージンギャクヤー」

「ひがしみろ　ひくかひかぬかよこぐもが　今ひきはなす　なごりおしさよ　ヤージンギャクヤー」

「ここはるかのほそだのおぼ　つまりながらもよよにかよわれる　ヤージンギャクヤー」

である。

つづいて「きりうた」である。

「友だちにきりをきりをと望まれて　習はでくやしやこぎりこびょうし　こぎりこびょうし」

「よそのおどりじゃきょくを打つが　いざやわれらもきょくを唄えな　きょくを唄えな」

「わがお山にうえてそだてた桐の木を　ひともとたおして　ししのかしらに　ししのかしらに」

「ふきはかごやまふきのさと　花吹きちらしてあそべうぐいす　あそべうぐいす」

「くにからわ　いそげもどれのふみがきた　いざやわれらも花のみやこを　花のみやこを」

である。

後庭についてみる。

後庭の構成は、（一）蹴出し、（二）四ツ返リ、（三）オカザキクズシ、（四）ギンギャクマワリ、（五）オヒャッポ、（六）雌獅子隠し、（七）きりうた、（八）シャギリ、（九）舞納め、である。

中央に万灯が置かれ、その下で笛吹きは笛を吹く（写真19－1）。

先獅子、女獅子、中獅子、天狗、頭太鼓、サルが踊る。

最初は丸くなり、太鼓を叩いて片足跳びで反時計回りに廻る（写真19－2）。

のけぞりバチを叩き、片足跳びでバチを叩く。太鼓を叩いて前進・後退する。

ギンギャクマワリ

太鼓の縁を叩いて片足跳びで前進する。

「おもしろや月は東に日は西に　月をもどして獅子が今出るよ　ヤージンギャクヤ」

太鼓の縁を叩いて逆回りをする。太鼓の縁を叩いて片足跳びで前進する（写真19－3）。

万灯が中央から脇に移される。笛吹きも一緒に移る。

太鼓を叩いて前進・後退する。内側を向いて左足を前に出し太鼓を叩く（写真19－4）。

足踏みしながら太鼓を叩く。

雌獅子隠し

「おもいもよらぬ　あさぎりおりて　これのおにわで　めじしとられた　めじしとられた」

写真19－１　中央に万灯が置かれ、その下で笛吹きは笛を吹く

写真19－２　片足跳びで反時計回りに廻る

写真19－３　片足跳びで前進する

写真19－４　内側を向いて左足を前に出し太鼓を叩く

写真19－５　３人ずつに分かれ太鼓を叩いて入り違い

写真19－６　丸くなり太鼓を叩き廻る

内側を向いて太鼓を叩く。廻り、逆に廻り太鼓の縁を叩く。次の歌とともに三人ずつに分かれ太鼓を叩いて入り違い（写真19－5）。

「あなたもおじし　こなたもおじし　こころあわせて　めじしたずねろ　めじしたずねろ」

足踏みして太鼓を叩く。前進して右足を前に出し頭を振る。前進して入り違い。

「おくやまの　さわのでぐちに　めじしいて　さあこそおじしが　うれしかぐらめ　うれしかぐらめ」

前進して頭を振る。丸くなり太鼓を叩き廻る（写真19－6）。

「しがらもがらかきわけて　これのお庭に　めじしはいでろ　めじしはいでろ」

女獅子と他の五人に分かれ、太鼓の縁を叩き横に動く。前進して頭を振る。獅子三頭は後獅子と先獅子・女獅子に分かれる。先獅子・女獅子は背中合わせで頭を振る（写真19－7）。

それから、女獅子の周りで二頭の雄獅子は喧嘩し、先獅子がやっつけられる。

女獅子と後獅子は背中合わせで頭を振る。先獅子が二頭の間に入ろうとして喧嘩をし、後獅子がやっつけられる。

三頭は丸くなり腰を落とし左足を前に出す（写真19－8）。前進する。

「わがお山に　松をよたてて　みとすれば　つたはよせもの　松にからまる　松にからまる」

足踏みしながら太鼓を叩き、前進し、背中合わせになり頭を振る（写真19－9）。

「まつにからまるつたのはも　えんがなければ　ぱらりほぐれる　ぱらりほぐれる」

丸くなり、片足跳びをしてバチを叩き、太鼓の縁を叩く（写真19－10）。

前進して左足を前に腰を落とす。立って頭を廻す。天狗はその上でボンデンを振る。

「雨がふるげで　くもがたつ　おいとま申して　花の都へ　花の都へ」

写真19－７　先獅子・女獅子は背中合わせで頭を振る

写真19－８　丸くなり腰を落とし、左足を前に出す

写真19－９　背中合わせになり頭を振る

写真19－10　丸くなり、片足跳びをしてバチを叩き、太鼓の縁を叩く

写真19－11　天狗はボンデンを振って踊る

シャギリ

二列になり太鼓を叩く。太鼓を叩き前進・後退する。

舞納め

丸くなり前進・後退。天狗は幣を振る。逆に廻り前進・後退。頭太鼓、獅子三頭、サルが退場し、残った天狗はボンデンを振って踊り退場する（写真19－11）。

以上、私が見ることができた平の獅子舞であるが、前述の『中之条町の民俗芸能』で掲載された歌についてみる。「ギンギャクマワリ」の歌では、取り上げた歌は最後のもので、他に四つある。

「京でくかんのからえのびょうぶ　ひとえにさらりとひきやまわすよ」

「まいりきてこれのみたらしながむれば　ひげをそろえてこいとふながよ」

「こひとふなひげをそろえてあそぶなら　これのみたらしめいしょなるものよ」

「わかさのおばばむらむらすずめ　はさきをそろえてきりをこまかに」

「きりうた」については全て抜けているのでここで取り上げる。

「たなばたにかりてかすぞやあやにしき　あやとにしきを　かえせたなばた　かえせたなばた」

「よめごたち　ささらがみたくば　いたどをたしやれ　いたどの上で　ささらさんびょうし　ささらさんびょうし」

「てんじんばやしの　むらむらすずめ　はさきをそろえて　きりをかえすな　きりをかえすな」

「てんじくてんの　なるいかづちの　つれて　いずるは　くものごとくよ　くものごとくよ」

である。

「キリウタ」はこれまで取り上げてきたものと共通している。

前庭の最後の歌は、

「くにからわ　いそげもどれのふみがきた　いざやわれらも花のみやこを　花のみやこを」

であり、後庭の最後の歌は、

「雨がふるげで　くもがたつ　おいとま申して　花の都へ　花の都へ」

であり、ともに「花の都」で終わっている。

まとめ

群馬県の獅子舞は、稲荷流の獅子舞が数多くある。この獅子舞では、歌が数多く歌われるのは「女獅子隠し」という演目である。ただ、この演目は時間がかかるので、現在では行う伝承団体が数少なくなっている。

歌の内容については、秋田をはじめ、これまで取り上げてきた獅子舞と比較すると、二頭の男獅子が一頭の女獅子を取り合う内容などについては、共通する歌があるが、「女獅子隠し」というテーマに関わる歌が多くなっている点が異なる点である。

埼玉県の秩父郡にみられる下妻流の獅子舞をここで取り上げたのは、稲荷流の獅子舞の「女獅子隠し」と演目は異なるが、歌の内容は共通したものが多いためである。

その他、みなかみ町藤原下組の獅子舞、中之条町岩本獅子舞、同町平の獅子舞は、秋田や栃木の獅子舞と比較するべきものがあるので取り上げている。

注

1　宮川俊雄『渋川の祇園と郷土芸能と祭礼行事記』（昭和五十二年）

2　『甘楽町史』（甘楽町役場　昭和五十四年）と那須町田村克己氏聞き書き

3　『黒谷の獅子舞』（黒谷獅子舞保存会　平成四年）

4　『群馬県民俗調査報告書　第13集　水上町の民俗』（群馬県教育委員会　平成九年）

5　『中之条町文化財資料　第一集　中之条町の郷土芸能』（中之条町教育委員会　昭和五十年）

6　注5書

四　長野県・新潟県佐渡の獅子舞

1　長野県上田市房山《ぼうやま》獅子（注1）

獅子の所役は、先獅子、中獅子、後獅子、小天狗六人、禰宜一人、囃子方は、太鼓一人、笛十人、唄揚十二人である。それに笹持ち十二人、警護などである（写真20－1）。

獅子は右手に小うちわ、左手に鈴を持つ。腰には五色の小御幣を挟む。禰宜は天狗面、右手に五色の大幣、左手に鈴を持つ。小天狗は鬼面をつけ鉦《かね》を持つ（写真20－2）。

市神様の前の獅子舞を見る。

小天狗は二列で向かい合い鉦を叩く。太鼓に鉦が続き、トン・カン、トン・カンとなる。

「御門の脇のこん桜　こんがね花も咲いたとな」

鉦を叩き、

「玉の簾をまき揚げてまよりささらを　お目にかけましょ　お目にかけましょ」

獅子が縦一列で、片足跳びで入ってくる（写真20－3）。

丸くなる。その場で片足を後ろに引き、片足跳びで反時計回りに廻る。時計回りに廻る。反時計回りに廻る。

「まよりきて　まよりきて　これのお庭を眺むれば　黄金こんさが足にからまる　足にからまる」

片足跳びで反時計回りに廻る。その場で、それぞれ片足跳びで時計回りに回る（写真20－4）。

「まよりきて　まよりきて　これの御門を眺むれば　御門扉が　せみやからかね　せみやからかね」

写真20－１　獅子の行列

写真20－２　小天狗は鬼面をつけ鉦を持つ

写真20－３　獅子が入ってくる

写真20－４　それぞれ片足跳びでその場で時計回りに回る

写真20－5　時計回りに廻る

片足跳びで反時計回り、時計回りに廻る（写真20－5）。

「しいなけかつげよ　いつまでかつがに　いざやおろせよ　いざやおろせよ」

三角形になり、その場で時計回り・反時計回りに廻る。足を後ろに引いて前傾する。

「まよりきて　これのお厩眺むれば　いつもたえせの　駒が千疋　駒が千疋」

足を後ろに引いて反時計回り・時計回りに廻る。同じことを繰り返す。

「わが国で　雨が降る気げ雲が立つ　お暇申して戻れ小篰　戻れ小篰」

前と同じ所作。

「御門の脇のごん桜　こんがね花も咲いたとな」

獅子は小天狗の間を退場する。小天狗は鉦を叩きながら退場する。

以上が房山獅子である。

比較のため、所役などもほとんど同じである常田《ときだ》獅子を歌だけ列挙する（注2）（写真20－6、20－7）。

「御門の脇のごんざくら　御門の脇のごんざくら　黄金花

写真20－６　常田獅子

写真20－７　常田獅子

写真20－８　保野の獅子舞

写真20－９　保野の獅子舞

写真20－10　保野の獅子舞

写真20－11　保野のささら踊り

が咲いたとな　黄金花が咲いたとな」

「回り回りて三つ曲輪を　遅くまわりて出場に迷うな　遅くまわりて出場に迷うな」

「まよりきて　まよりきて　是のお庭を眺むれば　黄金小草が足にからまる　足にからまる」

「まよりきて　まよりきて　是のお庭を眺むれば　いつも絶えせぬ槍が五万本　槍が五万本」

「しいなぎかつげよ　しいなぎかつげよ　いつまでかつがに　いざやおろせ　いざやおろせ」

「五万本の　五万本の槍をかつがせ　押ならば　安房や上総は是な御知行　是な御知行」

「おおてんどうの　おおてんどうの　四つの柱は白銀で　中は黄金で町や輝く　町や輝く」

「御門の脇のこん桜　御門の脇のこん桜　こんがね花が咲いたとな　こんがね花が咲いたとな」

である。

上田市保野《ほや》の獅子舞は、獅子舞において歌は非常に少ない（写真20－8、20－9、20－10）。

早乙女姿のささら子が行うささら踊りにおいて歌が歌われる（写真20－11）。列挙する（注3）。

「御門の脇のごん桜　咲いて取るは笹の葉　御門の脇の　ごん桜　咲いて取るは笹の葉」

「おーてんのおーてんの　四本の柱は銀で　中は黄金で　周り輝く　周り輝く」

「いざやぼこだち　しいなげかつげよ　しいなげかつげよ　いつまでかつがに　しいなげおろせよ　しいなげおろせよ」

「廻り来て　廻り来て　廻り廻りて　みつくりょうが　遅く廻りて出場に迷うな　出場に迷うな」

「子供衆が　子供衆が　かけたる襷の見事さよ　よれつからげつ　さきつ広がる　さきつ広がる」

「君が代は　君が代は　千代に八千代にさざれ石の　巌となりて苔のむすまで　苔のむすまで」

「天照す　天照す　神の御国の神祭り　千秋万歳　御代ぞ目出度き　御代ぞ目出度き」

写真20－12　上室賀のささら

写真20－13　上室賀の行列

写真20－14　上室賀の獅子

以上三ヶ所の獅子舞やささら踊りの歌には、共通した歌が見られるのは明らかである。

同じ上田市の上室賀《かみむろが》三頭獅子のささら小唄、下室賀《しもむろが》三頭獅子のささら踊りの歌詞も共通した内容になっている（注4）。

上室賀の三頭獅子舞は見ることができたので（写真20－12、20－13、20－14）、ささら小唄を列挙する（注5）。

「ささら子がささら子が　今年始めて習い出て　良くも悪くも　おほめやれ候　おほめやれ候」

「子供衆が子供衆が　かけたる襷　花も咲く　花を散らさで　遊べぼこたち　遊べぼこたち」

「あの町でこの町で　馬乗り上手が　ござるそうで　夜も夜中も　駒の足音　駒の足音」

「白鷺が白鷺が　海のおもてに　巣をかけて　浪にうたれて　ぱっと発たれた　ぱっと発たれた」

「つばくらが　つばくらが　土を喰わえて　里へ出て　これのお庭で　羽を休めろ　羽を休めろ」

「あの山でこの山で　けんけんほろりと　鳴く鳥は　もとの御殿の　かごの飼鳥　かごの飼鳥」

「獅子の子が　獅子の子が　生れて落ちると　里へ出て　これのお庭で　頭振り候　頭振り候」

「天竺の　天竺の　相染め河原の　端にこそ　じゃこがこぼれて　庭に大むしろ　庭に大むしろ」

「廻り来て　廻り来て　これのお庭を眺むれば　いつも変わらぬ　鑓が五万本　鑓が五万本」

「おまん殿　おまん殿　おけつのほころび　お縫いやれ　それを見るたび　まらが気になる　まらが気になる」

それに「御門の脇の金桜　黄金花が咲いたとな」である。

2　新潟県佐渡市小木《おぎ》獅子舞（注6）

小木町の木崎神社の八月二十九日・三十日の祭りに行われる。小獅子舞といわれ、雄獅子、雌獅子、児獅子三頭で行われる。

神社で行われる獅子舞を見る。

獅子は社殿に向かい、太鼓の縁を叩き小走りに走り、止まって歩くのを繰り返し、社殿前に着くと、丸くなり、歌に合わせて踊る。廻ったり逆に廻ったり（写真21－1）、外側を向いたり内側を向いたりする。

「廻れ回れの水ぐるま　遅く回れば堰に止まるよ　堰に止まるよ」

「イヤ　このほどは　まいろふと思うたけれども　橋々木橋よ　通るにとほまれど　とふるにとほまれど」

「イヤ　この宮は目出度の宮かな　音に聞こえし飛騨のたくみが　くさび一つで　四方固めた　四方固めた」

「中獅子の腰にさげたるしだれ柳よ　枝折りそろえて　よい葉あまねきや　よい葉あまねきや」

それぞれの獅子が自由に舞い、雌獅子は少し離れる（写真21－2）。

「今まで連れたる児獅子めが　こうでのおにやに隠しとられた　隠しとられた」

写真21－１　廻りながら踊る

写真21－２　それぞれの獅子が踊る

写真21－３　社殿の階段を上がる

「なんと隠れた雌獅子めが　雄獅子そろひて尋ねあはひのたずねあはひの」

三頭の獅子は横一列になり、足踏みしながら太鼓を叩く。

「霧やかすみも晴れ上り　今こそ児獅子にあふぞ嬉しやあふぞ嬉しや」

「雌獅子や雄獅子の嬉しさは　いかに心は余念になるものぞ　余念になるものぞ」

「浜千鳥波にうたれて　たんとたたれた　たんとたたれた」

最初の四つの歌と同じ所作で、以下の歌が歌われる。

「一つとんだるきりぎりす　つづいてはねる　綾の機織りあやのはたおり」

「太鼓の胴はきりりとしめて　ささらはやめて　こきにこらふて　こきにこらふて」

「黒雲は　たなうちかけてくるときは　月の光もかなはざるものぞ　かなはざるものぞ」

「立つよりきけば面白や　鼓の音がいつもたゆせぬ　いつもたゆせぬ」

「あんまり踊れば花が散る　いかんか友達　花の都へ　花

の都へ」

片足跳びで時計回りに廻り、さらに大きく広がって廻る。

それから三頭の獅子は社殿の階段を上がり（写真21－3）、太鼓を叩いて終わる。

まとめ

長野県の獅子舞からみる。

『青木村誌　民俗・文化財編』（注7）には、夫神、村松、当郷の三頭獅子のささら踊りで歌われる歌詞が掲載されている。

「御門の脇のごん桜　咲いて取るは笹の葉　御門の脇のごん桜　咲いて取るは笹の葉」

と同様な歌詞で始まっていて、その他の歌詞もこれまで取り上げた三ヶ所の歌詞とも共通性がみられる。

房山獅子は、最初に「御門の脇のこん桜　こんがね花も咲いたとな」である。

最後の二つの歌は、

「わが国で　雨が降る気げ雲か立つ　お暇申して戻れ小鷠　戻れ小鷠」と、

「御門の脇のごん桜　こんがね花も咲いたとな」であり、「御門の（後略）」が繰り返される。

常田獅子も「御門の（後略）」が最初と最後に歌われる。保野と上室賀のささら踊りの歌にも「御門の（後略）」が歌われている。

この「御門の（後略）」の歌は、秋田のささらにも見られたものである。

指摘しておきたいのは、房山獅子と常田獅子では、男獅子が女獅子を取り合う場面がなく、それに関わる歌もないことである。それに、保野の獅子舞と上室賀の獅子舞では、男獅子が女獅子を取り合うと考えられる場面はあるが、獅子舞では歌がほとんど歌われないし、そのことに関わる歌もみられない。

歌が多く歌われる獅子舞では、女獅子を取り合う歌が歌われていないし、ささら踊りでは、女獅子を取り合う歌が歌われることはない。

しかし、立科《たてしな》町桐原《きりはら》と同町藤沢の獅子舞では、歌われる歌は少ないが、桐原では、

「思いもよらぬ朝霧おりて　そこで雌獅子が隠されたよな　そこで女獅子が隠されたよな」

藤沢では、

「思いもよらず朝霧おりて　そこで女獅子が隠された」

と歌われ、男獅子が女獅子を取り合うことに関わる歌が歌われ、この歌はこれまで取り上げた他地域の歌と共通している。

新潟県佐渡の小木獅子舞では、「廻れ回れの水ぐるま（後略）」で始まり、その後、三つの歌が歌われる。続いて、女獅子が隠れ、二頭の男獅子が探し、見つけるということが行われ、その進行に合わせた歌が歌われる。

続いて三つの歌が歌われるが、

「あんまり踊れば花が散る　いかんか友達　花の都へ　花の都へ」で終わりになる。

全体的な構成は秋田のささらと共通している。

注

1『上田市誌　民俗編（3）』（上田市　平成十四年）と『上田市誌　文化財編』（上田市　平成十一年）

2　注1書

3　注1書
4　注1書
5　注1書
6　桑山太一『新潟県民俗芸能誌』（錦正社　昭和四十七年）
7　『青木村誌　民俗文化財編』（青木村誌刊行委員会　平成六年）

五　埼玉県の獅子舞

埼玉県秩父の獅子舞については、群馬県の獅子舞との共通性が多いので、すでに取り上げた。

埼玉県内では、歌が多く歌われる獅子舞は川越市周辺が多いので、川越との関わりが深い獅子舞から取り上げる。

酒井忠勝が寛永十一年（一六三四）に福井県の小浜藩に国替えの際、埼玉の川越藩の獅子舞をする人たちも、召し連れて小浜に移った。今でも小浜では獅子舞を行っているので、この獅子舞を最初に取り上げる。

平成八年九月十五日の、福井県小浜市の八幡神社での男山区の獅子舞を中心にみることにする（注1）。

竹の杖をつき、歌うたいの役を務める人、笠を被った笛吹き、三頭の獅子が獅子舞を行う場に入ってくる。「道行」という。

笛に続いて、三頭の獅子が時計回りに廻り、横一列になる。

門がかりで、白の獅子が最初に出て、女獅子を引き出す。続いて黒も出て、黒と白が前に、後ろに女獅子で、三角の形になる。

渡り拍子で、内側を向いて太鼓を叩く。続いて、時計回りに廻る。歌は、

「回れや車　水車　おそく回れば　せきにからまる　せきにからまる」である。

時計回りに廻ることを繰り返す。

「思いもよらぬ　朝日がおりて　そこで雌獅子が　かくされたのよ　かくされたのよ」

「このほどは　岩に雌獅子が　巣をかけて　岩をくだいて　女獅子隠した　岩をくだいて　女獅子隠した」

白と黒は向かい合い太鼓を叩く。雌獅子は背後で左右に動き太鼓を叩く。

雌獅子は太鼓を叩き続ける。黒と白は向かい合い太鼓を叩く。黒は負ける。

「嬉しやの　風に霞が　吹きあげて　雌獅子雄獅子が　顔ならべた　雌獅子雄獅子が　顔ならべた」

白、黒、雌獅子は三角になり、

「むすぼれし　五色に染めたる　唐糸を　姫がほどけば　ほろりほどける　姫がほどけば　ほろりほどける」と歌う。

白、黒、雌獅子は動き回る。

「山がらが　十二のかいこを　かいたてて　羽先をそろえて　もんどりうつとの　羽先をそろえて　もんどりうつとの」

歌の間は、三頭の獅子は時計回りに廻る。それから、向かい合い太鼓を叩く。時計回りに廻り太鼓を叩き太鼓の縁を叩く。

「十七、八の　かみわけ姿を　見る見ると　岩のささらが　気を散らした　岩のささらが　気を散らした」

内側を向いて太鼓を叩き、太鼓の縁を叩く。時計回りに廻りながら太鼓を叩き、太鼓の縁を叩く。

「我が里に　雨が降るやら　雲が立つ　あれをしるべに　あとひき顔よ　あれをしるべに　あとひき顔よ」

渡り拍子で、三頭の獅子は時計回りに廻りながら太鼓を叩く。内側を向いて太鼓を叩く。少し反時計回りに廻る。

内側を向いて太鼓を叩き、時計回りに廻りながら太鼓を叩く。内側を向いて太鼓を叩き、前に進み、下がる。時計回りに廻る。

「京から下りし　唐絵のびょうぶ　ひとえにさらりと　引き回した　ひとえにさらりと　引き回した」

雄獅子前に女獅子後ろで太鼓を叩き、動く。三頭の獅子は内側を向いて太鼓を叩く。時計回りに廻る。

「多くの馬は　生まれおちると　膝を折る　あれを見まねに　こまの折り膝　あれを見まねに　こまの折り膝」

白と黒は前に並び、後ろに雌獅子が蹲踞する。「つくばい」という。太鼓を叩いたり太鼓の縁を叩いたりする。

「なりをしづめて　よくきけやれ　森も林も　うぐいすの声」である。

「白鷺が　海のとなかに　巣をかけて　波にゆられて　あとたちそろ　波にゆられて　あとたちそろ」

立ち上がり、太鼓を叩き、時計回りに廻りながら太鼓の縁を叩く。

前と同様の所作。

「荒川の　鮎の魚さえ　もんどりうつ　あれも見まねに　もんどり打つとよ　あれも見まねに　もんどり打つとよ」

「かしも変わらぬ　切れよ切れよと　このまれて　ならい申して　かしの木にぎぼし　ならい申して　かしの木にぎぼし」

前と同様の所作。

「日もくるる　道の根ざさに　露が浮く　おいとま申して　あとひき顔よ　おいとま申して　あとひき顔よ」

時計回りに廻りながら太鼓を叩く。横一列になり太鼓を叩く。退場する。

この獅子舞が、川越地方の獅子舞と異なるのは、花笠がないことである。特に、川越地方の獅子舞において、雌獅子が隠れるのは花笠の中であり、違いは明白である。

小浜市男山区の獅子舞は、全体的に見ると、

「我が里に　雨が降るやら　雲が立つ　あれをしるべに　あとひき顔よ　あれをしるべに　あとひき顔よ」

の歌が歌われるまでと、その後、渡り拍子で始まる部分に分かれるとみることが可能である。

前半の部分は、歌の内容を中心にみると、川越などの女獅子を取り合う部分を含む演目と共通した点が多い。

後半の部分は、歌の内容については、川越の獅子舞と共通している点がみられる。

しかし、「つくばい」といわれる部分は川越などの獅子舞にはみられない。

続いて川越の獅子舞をみていく。

川越市内の獅子舞は歌が多く歌われるものが多い。演目が少なく、「八切り」とか「仲立ちの舞」（上寺山《かみてらやま》の場合）といわれるのが一つで、一つは「十二切り」である。小ケ谷《おがや》の獅子舞、上寺山の獅子舞、上戸《うわど》の獅子舞がこの二演目である（注2）。

一つは雌獅子を取り合う内容が含まれていて歌が少ない。「十二切り」は歌が多く、歌に合わせて獅子舞が舞われる。

「十二切り」は、最初に歌われる歌が、

「京から下りた　唐絵の屏風　一重にさらりと引きまわさいな　一重にさらりと引きまわさいな」の例と、

「唐から下りた　唐絵の屏風　一重にさらりと　引きまわさいな」の例がある。

歌の全体の内容は共通したものが多くみられる。ここでは「小ケ谷の獅子舞」を取り上げる。

川越市内では一演目の獅子舞もある。歌われる歌の数は多く、女獅子を取り合う内容を含んでいる。一演目の例は、川越に近い富士見市の例を取り上げる。

1　埼玉県川越市小ケ谷の獅子舞（注3）

獅子舞を行うのは、村回りを八月に、白山神社では十月十五日であった。現在は行われていない。

演目は八切りの舞と十二切りの舞がある。歌が多く歌われるのは十二切りの舞である。

八切りの舞からみていく。

①トウヒートウヒー

序幕の前踊りが行われる。

②トウルトオホホ

竿掛かりが行われる。

③ヒャーロ

輪になり、廻りながら舞う。「マハー」の笛で縦一列になり、歌である。

前歌「参り来て　これの御庭を　眺むれば　黄金小草が　足に絡まる」（神社にて）

「参り来て　ここの御でいを　望むれば　磨き揃えた　鑓五万本」（その他）

後歌「中立ちは　京で生まれて　伊勢育ち　腰に差したる采配は　伊勢のお祓い」（神社にて）

「五万本の　鑓を担いで　出るならば　安房も上総も　これで切りよう」（その他）

④トウホホヒャーロ

男獅子同士の喧嘩の前ぶれの笛で、横一列に並び、歌になる。

岡崎「思いも寄らぬに朝霧がおりて　そこで女獅子がちょいと隠された　そこで女獅子がちょいと隠された」

⑤噛み合い

二頭の男獅子の女獅子の取り合いの時の笛。女獅子は花笠の間に入る。

⑥オーヒトヒャロ

花笠が散り、三頭の獅子が仲良く舞う。

⑦ピララ

歌が歌われ横一列になる。

「太鼓の胴を　きりりと締めて　ささらをさらりと　摺り止めさいな　ささらをさらりと　摺り止めさいな」

続いて十二切りの舞である。

前踊りの後、

①トウルトオホホ

ハイオイ、中獅子、女獅子、大獅子が縦一列に並び、その場で舞う。

②オカザキ

「オカザキヒャーロー」の笛でその場で舞う。

③ピララ

ハイオイ、中獅子、女獅子、大獅子は四方に広がり、中央に集まる。歌は、

「京から降りた唐絵の屏風　一重にさらりと引き回わさいな　一重にさらりと引き回わさいな」である。

④ヒーヒャロ

ハイオイ、中獅子、女獅子、大獅子が四角の形になり舞う。

「大八幡の松に絡まる蔦の葉も　縁が盡ればほどりほごれる　縁が盡ればほどりほごれる」

⑤ラリロ

ハイオイと女獅子が並び、それに向き合い中獅子と大獅子が並ぶ。位置が入れ替わる。四方固めという。

「さらさらと　さまの簾を　巻き揚げて　参るささらを　お目にかけましょ　お目にかけましょ」

反時計回りに廻りながらの歌は、

「お庭の拍子　一踏み踏んで　見せ申さないな　一踏み踏んで　見せ申さないな」である。

⑥ヒャーヒャー

ハイオイと獅子が四方に位置し、反時計回りに廻りながら、大きく広がったり中央に集まったりする。

「向い小山の村々雀　羽先を揃えて　切りをかいさいな」

⑦ヒッチョ

前と同じ所作。

「細竹に　今年小竹が　お日待ちで　まだ若竹で　節が揃わぬ　まだ若竹で　節が揃わぬ」

⑧ドカドカ

前と同じ所作。

「鹿島から　切れよ切れよと　攻め立てられて　習い申した　鹿島切節　習い申した　鹿島切節」

⑨ピッチカ

前と同じ所作。

「壁腰に　立ち寄り聞けば　面白や　都に流行る　早拍子よな　都に流行る　早拍子よな」

⑩ダーテーツク

前と同じ所作。

「大山から　切れよ切れよと　攻め立てられて　習い申した　大山切り節　習い申した　大山切り節」

⑪ダーテードンドコ

前と同じ所作。

「筑波山　中は籠山　梅の花　花を散らして　休め中立　花を散らして　休め中立」

⑫トウヒートウヒー

前と同じ所作。

「あまり踊れば　浮名が立つ　お暇申して　切りを替えさいな　お暇申して　切りを替えさいな」
⑬ピララ
前と同じ所作。歌の終わりには縦一列になる。

「太鼓の胴を　きりりと締めて　ささらをさらりと　摺りとめさいな　ささらをさらりと　摺りとめさいな」

である。

2　埼玉県富士見市南畑《なんばた》の獅子舞（注4）

獅子舞が行われるのは、七月の天王様の祭り、十月のオヒマチには八幡神社で行われる。

所役は、女獅子、中獅子、男獅子、山の神、花笠を被るササラッコ二人、笛方、歌方などである。

社務所でキッツオロイを行う（写真22－1）。キッツオロイでは獅子は頭をつけないで太鼓を叩き、笛が吹かれ、ササラをする。

「まわれや車　まわれや車　つれてまわれや水車よな　つれてまわれや水車よな」の歌で終わる。

全体の構成は、岡崎、舞節、御庭節、かっこ節、立ち歌、拍子節からなる。
①岡崎
行列をつくり獅子舞が行われる所までくる（写真22－2）。岡崎の笛で山の神とササラ子は土俵内に入り、ヒャリーホヒャリホの笛で、女獅子が土俵内に飛び込む（写真22－3）。中獅子、雄獅子が続いて飛び込む。
②舞節

写真22－１　社務所でキッツオロイを行う

写真22－２　行列をつくり、舞う場のところまでくる

写真22－３　女獅子が土俵内に入る

写真22－４　丸くなり反時計回りに廻る

ヒイヒャロヒャロヒャの笛で、三頭の獅子は丸くなり内側を向いて太鼓を叩き、反時計回りに少しずつ廻る（写真22－4）。そして、歌が歌われる。

「まわれや車　まわれや車　つれてまわれや水車よな　つれてまわれや水車よな」

「獅子の子は　京で生まれて伊勢育ち　腰にさしたは伊勢の御はらい　腰にさしたは伊勢の御はらい」

「思いもよらぬ　朝霧がおりて　ここで女獅子がかくされたよな　ここで女獅子がかくされたよな」

歌の後、縦一列になり、女獅子が男獅子の間に入り（写真22－5）、次の歌が歌われる。

「十三から　つれた姫子にさそわれて　我が身ながらも尋ねたそうな　我が身ながらもたずねたそうな」

花笠の中に女獅子が入り（写真22－6）、男獅子の喧嘩が行われる（写真22－7）。

その後、縦一列になり、女獅子が男獅子の間に入り、花笠が離れると、次の歌になる。

「うれしやな　風が霞を吹き上げて　ここで女獅子を尋ねもうけたよ　ここで女獅子を尋ねもうけたよ」

③御庭節

山の神と三頭の獅子が、内側を向いて丸くなり太鼓を叩く。

「奥山で　音の高きはくつわ虫　なりを静めて歌の節きけよな　歌の節きけよな」

足を交互に前に出し（写真22－8）、真ん中に集まり戻る。

「この宮は　飛騨のたくみが建てた宮　四方しめたよ一つくさびでな　よほほほな」

「お庭にさこう　おしだれ柳　一枝手折りて腰を休めろよな　うおほほほな」

④かっこ節

この時の歌は、笛は吹かれないで、三頭の獅子が太鼓の縁を叩く。内側を向いて回り、背中合わせになって回り、内側を向く。

写真22－５　女獅子が男獅子の間に入る

写真22－６　女獅子が花笠の中に入る

写真22－７　男獅子の喧嘩

写真22－８　足を交互に前に出す

写真22－９　それぞれ片足跳びで回る

写真22－10　頭上でバチを叩く

「浜千子が　坪の間世木に手をかけて　花も御千子も見えもわからぬ　花も御千子も見えもわからぬ」

「鶯が　門の株木に巣をかけて　蟻が上がれば　なむやほけきょ　蟻が上がれば　なむやほけきょ」

⑤立ち歌

右足前、左足前、背中合わせ。片足跳びで回る（写真22－9）。

「立鷺が　跡を走れば水すまぬ　御庭あらさで　立てや友達　御庭あらさで　立てや友達　よほほほな」

⑥拍子節

半回転しつつ後ろに下がりながら太鼓の縁を叩く。

「七つ拍子　八拍子よな　九つ拍子はきりがこまかよ　九つ拍子はきりがこまかよ」

内側を向いて太鼓の縁を叩く。円に沿って半回転しながら下がり、太鼓の縁を叩く。

「拾七の髪結姿を　見る見るに　今のきりをばきりをちがいた　今のきりをばきりをちがいた」

太鼓を叩きながら片足跳びで回る。太鼓の縁を叩く。内側を向いて太鼓を叩く。円に沿って半回転しつつ下がりながら太鼓の縁を叩く。

「天神前の梅切り雀　羽先をそろいてきりをかいさいな　羽先をそろいてきりをかいさいな」

頭上でバチを叩く（写真22－10）。太鼓を叩き、太鼓の縁を叩く。内側を向いて太鼓を叩く。円に沿って、半回転しつつ下がりながら太鼓の縁を叩く。

「奥山のうさぎは　何見て跳ねる　十五夜お月を見てはねるよ　十五夜お月を見てはねるよ」

内側を向いて太鼓の縁・太鼓を叩く（写真22－11）。下がりながら太鼓の縁・太鼓を叩く。半回転し、下がりながら太鼓の縁を叩く。

「ささらを見たくば　板戸へ出しゃれ　板戸の上での三拍子よな　板戸の上での三拍子よな」

写真22－11　内側を向いて太鼓の縁・太鼓を叩く

写真22－12　頭を振りながら太鼓を叩く

最後の歌になる。

「いつのめざさに　つゆもいらぬ　おいとま申していざかいさいな　おいとま申していざかいさいな」

縦一列になり、山の神と中獅子、女獅子と男獅子が向かい合い、頭を振りながら太鼓を叩く（写真22－12）。

山の神、花笠、女獅子、中獅子、男獅子の順で退場する。

3　埼玉県本庄市台町の獅子舞（注5）

台町の獅子舞には四組の獅子頭がある。

この獅子頭には墨書があり、一番古いものは寛文八年（一六六八）である。由来は寛文三年、中仙道本庄宿の市神《いちがみ》が近くの榛沢村《はんざわ》（深谷市）から移され、獅子舞が台町の津島様（後の八坂神社）に奉納されたのが始まりという。

獅子舞が行われるのは、七月十四、十五日の八坂神社の例大祭である。その他に雨乞いにも行われた。

獅子三頭は、法眼・中獅子・老獅子であり、笛吹きや歌を歌う所役がある。花笠はない。

獅子舞の歌は、長唄十二曲、端唄十二曲がある。場所により変わる。長唄は一つの場所で一曲、端唄は数曲である。

八坂神社で行われた獅子舞をみる。

鳥居に入る所でお祓いをする。水引を下ろし、鳥居内に入る（写真23－1）。法眼から左右と前に進み、大きく動き、戻る。

次いで、中獅子も同じように入る。左右に大きく進み、太鼓を叩く。その場で太鼓を叩きながら片足を上げて、戻る。

法眼が前進する。中獅子も前進する。老獅子も出て三角になり（写真23－2）、内側を向いて大きく時計回りに廻

写真23－１　鳥居内に入る

写真23－２　内側を向いて三角になる

写真23－３　時計回りに廻り、逆に廻る

る。その場で背伸びをする。頭を左右にゆっくり振り背を伸ばす。繰り返す。前に片足を出して時計回りに廻る。

「まわれや車　まわれや車」

頭を振り背を伸ばす。繰り返す。横一列になり前を向き太鼓を叩く。

「参り来て　これな御庭を眺むれば　黄金小草が足に絡まる」

歌の時に獅子は太鼓を叩く。中獅子が出て戻る。法眼、老獅子も前に出る。

「天神林の梅の花がつぼみ栄えて　さらりさあとひらいた」

歌の間は、丸くなり内側を向いて時計回りに廻り、逆に廻る。太鼓を激しく叩きながら踊る。外側を向いて大きく三角形になる。内側を向いて三、四歩ずつ時計回りに廻り、逆に廻る（写真23－３）。数回繰り返す。太鼓を激しく叩く。太鼓の縁を叩く。

「われわれは　都育ちの者なれば　われを見真似に　いざびょうひんやろ」

内側を向いて時計回りに廻る。逆に廻る。それを繰り返

写真23－４　笛が先導し、社殿前に進む

す。

「鹿の子は　生まれて落ちると　もんどりうつ　あれをみまねに　いざびょうひんやろ」

内側を向いて時計回りに廻る。逆に回る。それを繰り返す。中獅子と法眼・老獅子は入り違う。

「山雀は　さしこのうちにて　もんとりうつ　あれを見真似に　いざびょうひんやろ」

手を上に挙げてバチを叩く。内側を向いて時計回りに廻る。逆に廻る。それを繰り返す。中獅子と法眼・老獅子は入り違う。

「十七がわのもうめんさがりし　ふたつももを　ひとつくれんか　かわのこをとくよ」

内側を向いて時計回りに廻る。逆に回る。それを繰り返す。中獅子と法眼・老獅子は入り違う。

「国からは　急げ戻れと上使がきたに　おいとま申していざ帰らんかい」

拍子木が入り、戻り、横一列になり太鼓を叩く。

笛が先導し、社殿前に進み（写真23－４）、拍子木が入る。太鼓を叩きながら進み、社殿内でも太鼓を叩く。

雨乞いの獅子舞においては、天神社の長唄は、

「参り来てこれな　み沢を眺むれば　沢露は天にのぼりて雨雲となる」

雷電社の長唄は、

「参り来てこれな客殿眺むれば　香の煙が天にのぼりて雨となりぬる」である。

端唄は、

「奥山の鳴るいかづちを　いでてまわせば　かわのこをとくよ」

「黒雲がただおしかけて来るならば　月も光も金の輪をきしようよ」

「雨が降るげに雲が立つ　おいとま申していざ帰らんかい」である。

八坂神社と雨乞いの歌を取り上げたが、長唄は演じられる場所により異なる。

端唄は十二のうち十見てきたが、残りの二つも取り上げる。

「十七、八のもうめんばかま　もうめんばかまでいざびょうをひん」

「向い小山のしっちく竹を　ふしを揃えていざびょうをひんやろ」である。

本庄の獅子舞がこれまで取り上げた獅子舞と異なるのは、二頭の男獅子が一頭の女獅子を取り合うということがないことであり、その内容に伴う歌もないことである。

川越の獅子舞との比較では「十二切り」と類似している。

また、雨乞いに関わる獅子舞の歌は、獅子舞を行う目的が明確であり、歌の内容も雨に関わるものになっている。

4　埼玉県比企郡川島町北園部《かわじままちきたそのべ》の獅子舞（注6）

獅子舞の由来は、

「安藤沼トイヒ、コノ沼ニ所謂『主』アリテ年毎ニ暴レ狂ヒ為ニ五穀熟ラザルコトアリ、ヨリテ之ヲ慰メ以テ五穀ノ豊饒ヲ稀ヒ獅子ヲ舞フト傳フ」などとある。

万灯が二種類あるので、最初にこの点についても見ておく。

「出シ萬燈（一対）普通アル竿ノ長キ萬燈」

「振リ萬燈（一対）小型ニテ竿モ短カク下部ニ福俵、日月金銀盤ヲツク、上部ノ造花ヲ美麗ニス主トシテ行列ノ前駆、舞庭ヲ祓ヒ清ム」

行列

神事係二人、出シ萬燈二人、貝一人、拍子木二人、振萬燈二人、太刀二人、棒仕十四人、花笠四人、中立一人、法眼獅子、雌獅子、雄獅子、笛五人、歌唄四人等。

獅子舞の実際

氷川神社社前で振萬燈により七五三に振り祓う。

棒使いは二十六通りあり、間庭念流《まにわねんりゅう》の型を行う。

獅子舞・始めの庭

笛により奴を振る（獅子が動き出す時）。中立、法眼、雌獅子、雄獅子が縦一列である。

中立足取り高く動き出し、入葉である。入葉は中立の指揮により、一頭ずつ出て順次に水引をあおる。

丸くなり舞い、左一廻りし、

「京から下る唐絵の屏風ひしとひしにさらりとしき舞ひさいな」

一廻りし、

「思ひもよらず朝霧降りて、そこで女獅子がちょいとかくされた」と歌う。

花笠四人が中央に集まる。中立と獅子は一廻りし、

「此の頃は岩に女獅子が巣をかけて岩をくだいて女獅子にたづねる」である。

雌獅子、花笠の間に入る。

法眼と雄獅子は左右に廻り出合い頭に争うこと四回。二回は雄獅子が負ける。三回目は法眼が負ける。

雌獅子見つかる。

「うれしや風が霞を吹きやりて女獅子男獅子が肩を並べた」

歌の終わるまで中立と獅子は喜んで舞う。歌が終わると花笠は四方に分かれる。

獅子は一列に並び、水引をあおいで、中立の指揮で「アラランサイ」と言い、後ろを向く。中立が「ユワサノサイ」といい獅子は正面を向く。これを二回行う。これを「アララ」という。

「松山の松にからまるつたのみもえんがつきればほろりほぐれる」

この唄と同時に中立の指揮により、四隅に開き円形になり一廻り舞う。

「か島からきりもきれよとせめられてならへ申せとかしまきりぶし」

この唄が終わると同時に天狗拍子（太鼓をはたかずばちで拍子をとること）をなし一廻りする。

長唄「さらさらとこれのお庭をふみわけて、宮へ参ると氏子繁盛の為」

この長くうたいたる唄にて四隅に開き、終わると同時に円形になり一廻りする。この間、

「むかひ小山むらむら進めなれてこなたのあいたい小山」と歌う。

終わると、腰を落として静かに右左へ廻りまた立って一廻り、この間、

「日が暮れる獅子のねざさに露が入るおいとま申していざかいさいな」と歌う。

終わると四方に開き一廻り勢いよく舞い、氷川神社に向かって一列になり平伏する。

獅子舞・終いの庭

笛により獅子一列に並ぶ。中立が舞い、入葉を行う。円形になり、

「京から下る唐絵の屏風ひしとひしにさらりとしき舞ひさいな」である。

花笠四方より出て四隅に立つ。獅子は花笠を巡り花を眺める。

「うれしやの風が霞を吹きやりて女獅子男獅子が肩を並べた」

歌い終わると、花笠四隅に開く。獅子は一列に並び、アララをなす。終わって、

「松山の松にからまるつたのみもえんがつきればほろりほぐれる」である。

終わると同時に円形になり一廻りする。

「うつのもたいこうたふもたいこ、なれてこなたのあいたい小山」

終わると同時にトヒツル（笛の名称。獅子、中立が足を揃えて上げる）、一廻りする。

長唄「さらさらとこれのお宮を眺むれば飛騨のたくみがたてたやらくさび一つで四方かためる」

歌と同時に開き終わると円形になり一廻りして、

「つくば山なかはから山梅の花花を散らさで遊べ中立」と歌う。

唄い終わると獅子は足を揃えて上げる。一廻りして、

「日が暮れる獅子のねざさに露が入るおいとま申していざかいさいな」と歌う。

終わって四方に開き一廻りして、社に向かって一列になり再拝、平伏する。

八坂神社の庭の長唄は、

「中立は京で生まれて伊勢育ち　腰にさしたは伊勢のおはらへさま」である。

旧家の庭の歌は、

「さらさらとこれのおでゐをながむれば　磨き揃へた槍が五萬本　五萬本の槍を揃へて行くなれば阿波も上総もこれも御所なり」

「さらさらとこれの厩を眺むれば　くさりたづなで駒が七ひき　七匹の中の黒駒足がきをする」である。

お寺の庭の唄は、

「さらさらとこれのおさごふみわけて　寺へ参るも後の世の為」である。

北園部の獅子舞は、振り万灯により、七五三にお祓いする点が注目すべきである。

獅子舞の構成は、「始めの庭」と「終いの庭」からなり、「始めの庭」は女獅子を男獅子が取り合うことがあり、そのことに関わる歌がある。「終いの庭」には、そのことはないが、共通している歌がみられる。

5　埼玉県鴻巣市小谷《こや》の獅子舞（注7）

獅子舞は日枝神社の十月十五日の祭りに行われてきた。地元では獅子舞ではなくササラといわれてきた。

ここの獅子舞は三頭ではなく五頭であるが、芸能の内容は三頭の獅子舞とほとんど同じであり、歌も多く歌われるので取り上げることにする。

所役

獅子は五頭であり、法眼一頭、雄獅子二頭、女獅子二頭である。村回りの行列で獅子舞の所役をみていく。先導が四名（氏子総代、年寄り役）、金棒は五、六歳の稚児二名、法螺貝一名、拍子木一名、子供の棒術二十名、大人の棒術二十名、花笠四名、オカザキ（ササラをする）二名、歌五名、導師一名、雌獅子、雄獅子、雌獅子、雄獅子、法眼、笛四名、警護四名である（写真24－1）。

獅子舞の内容

最初に棒術があり、棒頭が四方切りをして場を清める（写真24－2）。その後に、大人の棒術と子供の棒術が行われる。

続いて獅子舞になる。

導師を先頭に、時計回りに廻り丸くなる。中央に導師が入り、獅子が踊る（写真24－3）。座ってから立って、時計回りに廻り（写真24－4）、

「廻れや車廻れや車　ついて廻るは水車よ　ついて廻るは水車よ」

「この柴に　ささらの上手があるときいて　こうすりながらも　ささらはづかしや　こうすりながらも　ささらはづかしや」

と歌われる。

花笠が四人中央に出る。雌獅子が花笠の中に入る。

写真24－１　行列をなし、舞う場に入る

写真24－２　棒頭が四方切りをする

写真24－３　中央に導師が入り、獅子が踊る

写真24－４　時計回りに廻る

写真24－5　導師、２頭の雌獅子と法眼は花笠の周りを廻る

写真24－6　導師、２頭の雌獅子と法眼は花笠の周りを廻る

「思いもよらぬ　朝霧が下りて　そこで雌獅子が隠されたよ　そこで雌獅子が隠されたよ」

導師と二頭の雌獅子と法眼は花笠の周りを廻る（写真24－5、24－6）。内側を向いたり外側を向いたりして踊る。

「この程に　岩に雌獅子が　巣をかけて　岩を崩して　雌獅子尋ねる　岩を崩して　雌獅子尋ねる」

花笠は四隅に散る。

「うれしや　風が霞を　突き上げて　雌獅子尋ねて　あら嬉しや　雌獅子尋ねて　あら嬉しや」

導師が中央に入り、五頭の獅子が丸くなり踊る（写真24－7）。

「雌獅子雄獅子が　肩をならべた　雌獅子雄獅子が　肩をならべた」

時計回りに廻りながら踊る。

「奥山の　音の高きは　くつわ虫　鳴りをしずめて　歌の方をききやれ　鳴りをしずめて　歌の方をききやれ」

獅子は横一列になり、導師に向かい合う（写真24－8）。

「この宮は　なんたる大工が　建てたやら　くさび一つで　四方かためた」

時計回りに廻りながら踊る。

「入母屋は　たるきしりまで　金はめて　さんのやなかた　虎が七匹」

「一・二と言わば　二・二とさとれ　三石うたいよ　三拍子やな　三石うたいよ　三拍子やな」

「七拍子にゃ　八拍子よな　九つ拍子に　きりこまかに　九つこまかな　きり拍子やな」

「都にまさるは　綾拍子かな　都にまさるは　綾拍子かな」

内側を向いて踊る（写真24－9）。

「習い申しちゃ　ゆり拍子やな　習い申しちゃ　ゆり拍子やな」

「かしまから　きりよきりよと　せめられて　習い申しちゃ　かしまきりぶし　習い申しちゃ　かしまきりぶし」

写真24－７　導師は中央、５頭の獅子は丸くなり踊る

写真24－８　獅子は横一列で、導師に向かい合う

写真24－９　獅子は内側を向いて踊る

写真24－10　導師は前、後ろに獅子は横一列になる

「天竺天皇　鳴る雷の　おてなる如は　その如くよ　おてなる如は　その如くよ」

時計回りに廻る。

「竹の根笹に露が降りて　おいとま申して　いざ帰へらんか　おいとま申して　いざ帰へらんか」

横一列になり、終わる（写真24-10）。

以上であるが、二番目と三番目の歌は歌われなかったが取り上げておく。

「からから下りの　からひの屏風　ひといにさらりと　引き回される　ひといにさらりと　引き回される」

「おみすだれ　さらりさらりと　まき上げて　舞のささらを　お目にかけましょ」

小谷の獅子舞は五頭で行う。しかし、全体の構成をみると、これまで取り上げてきた獅子舞とほとんど変わらない。

歌の構成についてみる。

「廻れや車（後略）」「からから下りの（後略）」で始まる。次の歌は、

「おみすだれ　さらりさらりと　まき上げて　舞のささらを　おめにかけましょ」

「この柴に　ささらの上手が　あると聞いて　こうすりながらも　ささらはずかしや　こうすりながらも　ささらはずかしや」

であり、この二つの歌は、自分たちの芸能に関わる歌になっている。

続く「思いもよらぬ　朝霧が下りて（後略）」から、「この程に（後略）」、「うれしや（後略）」「雌獅子雄獅子が肩を並べた（後略）」は、雌獅子隠しに関わる歌である。

「奥山の（後略）」「天竺天皇（後略）」までの歌では、丸くなり廻りながら踊ったり、内側を向いて踊ったりする。

最後の歌は、

「竹の根笹に露が降りて　おいとま申して　いざ帰へらんか　おいとま申して　いざ帰へらんか」

である。

6　埼玉県行田市野《の》の獅子舞（注8）

元は諏訪大明神の祭礼に行った。合祀後は久伊豆神社境内で行ったりした。平成二十六年は十月二十六日（日）で、久伊豆神社、諏訪神社などで行った。

所役は、太夫獅子、女獅子、男獅子、花笠四人、面化、笛方、歌方、万灯、世話人、幣束持ちなどである。

獅子舞の行列は、先達（幣束）、万灯、提灯、花笠、歌方、笛方、面化などである（写真25－1）。

神前に来ると、時計回りに廻る。獅子三頭は廻りながら踊る（写真25－2）。

太鼓を叩き始める。太鼓の縁を叩く。座って太鼓の縁を叩く。立って、歌になる。

「さらりさらりと舞あげて　舞のささらを　おめにかけよとな　舞のささらを　おめにかけよとな」

内側を向いて時計回りに廻りながら太鼓を叩く（写真25－3）。

「唐からくだりた唐絵の屏風　一夜にさらりと　ひきまわせよな　一夜にさらりと　ひきまわせよな」

同じ所作。

「まはれよ車　車よまわれ　続いてまわるや　みずぐるまよ　続いてまわるや　みずぐるまよ」

同じ所作。花笠が中央に集まる。笛方なども花笠の中に入る（写真25－4）。

「思いもよらぬに　朝霧がおりて　岩に女獅子がかくされ申すよ　そこで女獅子がかくされ申しな」

三頭の獅子は太鼓を叩きながら花笠の周りを廻る。三頭は外側を向いて踊る。女獅子は花笠の間に入る（写真25－5）。

写真25－１　獅子舞の行列

写真25－２　廻りながら踊る

写真25－３　時計回りに廻りながら太鼓を叩く

写真25－４　花笠が中央に集まり、笛方なども花笠の中に入る

「こうのすどおりの　岩にめじしが　巣をかけて　岩をくずして　めじしたずねろ　岩をくずして　めじしたずねるよ」

二頭の男獅子は花笠の周りで太鼓を叩いたり、向かい合って太鼓を叩く（写真25－6）。

「うれしさに　風にかすみを　吹きわけて　女獅子男獅子がおざひらいた　女獅子男獅子がおざひらいたよ」

花笠や笛方などは四隅に退く。三頭の獅子は時計回りに廻りながら太鼓を叩く（写真25－7）。

「むかうや小山の　しちくだけ　としがわかだけで　ふしがそろわぬ」

同じ所作。

「かしまのおばばは　村村すずめ　はさきをそろえて　いざかいさいな」

同じ所作。

「めじしおじしがかたならべろ　めじしおじしがかたならべろ」

同じ所作。

「おくやまで　音のたかきは　くつわむし　なりをしずめて　うたのほうしよな　なりをしずめて　うたのほうしよな」

三頭の獅子は横一列になる。面化が獅子をうちわで煽ぐ（写真25－8）。獅子が休んでいる時の歌は、

「この宮は何たる大工がたてたやら　くさび一つで四方をかためた　くさび一つで四方をかためた」である。

歌の終わり近くに、三頭の獅子は太鼓の縁を叩き始める（写真25－9）。

この後は「切り調子」という。丸くなり時計回りに廻りながら太鼓を叩く（写真25－10）。

「子どもたち　ささらが見たけりゃ板戸へこざれ　板戸のお庭で　三拍子よな」

時計回りに廻りながら太鼓を叩き、太鼓の縁を叩く。

写真25－５　女獅子が花笠の間に入る

写真25－６　男獅子２頭は花笠の周りで太鼓を叩いたりする

写真25－７　３頭の獅子は時計回りに廻りながら太鼓を叩く

写真25－８　面化が獅子をうちわで煽ぐ

写真25－９　横一列で太鼓の縁を叩く

写真25－10　時計回りに廻りながら太鼓を叩く

「ならい申した　より拍子よな　ならい申した　より拍子よな」

時計回りに廻り太鼓を叩く。反時計回りに廻りながら、左手を上に挙げ、右手で太鼓を叩き、太鼓の縁を叩く（写真25－11）。時計回りに廻りながら太鼓を叩く。

「松山うさぎは　何みてはねる　十五夜お月さま　見てはねるよ　十五夜お月さま　見てはねるよ」

同じ所作。

「みやこにまつるは　あや拍子よな　みやこにまつるは　あや拍子よな」

同じ所作。

「かしまから　きりよきりよと　せめられて　ならい申した　かしまきりぶし　ならい申した　かしまきりぶし」

時計回りに廻りながら太鼓、太鼓の縁を叩く。内側を向いて時計回りに廻りながらバチを叩く（写真25－12）。太鼓を叩く。

「七つ拍子に八つ拍子よな　九つ拍子に　きりよをこまかに　九つ拍子に　きりよをこまかに」

時計回りに廻りながら太鼓・太鼓の縁を叩く。

「あめがふるげで　雲がたつよ　おいとま申して　いざかいさいな　いざかいさいな」

時計回りに廻りながら太鼓・太鼓の縁を叩く。

横一列になり礼をして終わる。

野の獅子舞は、最初の歌は、

「ささらさらりと舞あげて　舞のささらを　おめにかけよとな　舞のささらを　おめにかけよとな」

であり、小谷の獅子舞の最初の歌、「おみすだれ　さらりさらりと（後略）」と共通したものがある。

写真25－11　反時計回りに廻りながら太鼓を叩き、太鼓の縁を叩く

写真25－12　時計回りに廻りながらバチを叩く

野の獅子舞では、続いて、廻りながらの舞になると、「唐からくだりた唐絵の屏風（後略）」「回れよ車（後略）」になる。

そして、「思いもよらぬ（後略）」「こうのすどおりの（後略）」「うれしさに（後略）」の歌で、雌獅子が花笠の間に入り、二頭の雄獅子が花笠の周りで舞う。

続いて、花笠は四方に退き、三頭の獅子で時計回りに廻りながら歌に合わせて舞う。

四つの歌が歌われた後に、獅子三頭は横一列になり、獅子が休んでいる時に歌われる歌が、

「この宮は何たる大工がたてたやら　くさびひとつで四方をかためた　くさび一つで四方をかためた」である。

続いて「切り調子」で獅子は主に時計回りに廻りながら舞う。歌は六つ歌われ、最後の歌が、

「あめがふるげで　雲がたつよ　おいとま申して　いざかいさいな　いざかいさいな」である。

7　埼玉県鴻巣市広田《ひろだ》の獅子舞（注9）

広田龍頭舞保存会製作の「広田のささらについて」の資料で唄についてみる。

すり込みの唄から順番にみる。

「京から下りの唐絵の屏風　さらりと開いて　引き廻せよな　さらりと開いて　引き廻せよな」

「まわるは車　まわるは車　くるりとまわるは　水車よ　くるりとまわるは　水車よ」

花がかりの唄。

「思いもよらぬ　朝霧が降りて　そこで女獅子がかくされ申した　そこで女獅子がかくされ申した」

花ちらしの唄。

「龍花をちらして　女獅子たずねよ」

肩ならびの唄。

「女獅子男獅子が　肩ならびよ　女獅子男獅子が　肩ならびよ」

続いて「茂ひの唄」があり、これは獅子舞を行う場で異なる。

「なりをしづめて　お聞きあれ」

「参りきて　これのお宮をながむれば　森も林も　うぐいすの声」

「参り来て　これのお庭を　ながむれば　黄金小草が　足にからまる」

「参り来て　これのご門で　ながむれば　稲穂そろえて秋風の音」

「参り来て　これのお宮を　ながむれば　飛騨のたくみの　建てたるお宮　四方八棟　ひやだぶきそう」

名主の庭では、

「参りきて　これの舘をながむれば　掛けし槍かず五万本　槍を立てそろえ　いつも大家の　御台所」である。

寺の庭では、

「参りきて　これのお庭を　ながむれば　左に泉水　右に蓮根池　花ざかり」

「参りきて　これのお寺を　ながむれば　左廊下に　阿弥陀の姿　かけしお数珠の玉の数　お弟子揃えて　いつも大伽のお教えの声」である。

それに、切り拍子の唄が十三ある。

「奥のみ山のなる三ヶ月は　われらが如く　このごとくよ　われらが如く　このごとくよ」

「鴻巣通り　参ろ参ろと思えども　橋がひく橋とぶにとばれぬよ　橋がひく橋とぶにとばれぬよ」

「天神林の梅の花　花を散らして　あそびそろいな　花を散らして　あそびそろいな」

「松山兎　何見てはねる　十五夜お月を見てはねるよ　十五夜お月を見てはねるよ」

「佐の川の扇の下ばが流れ来て　これのお庭に　きり止まる　これのお庭に　きり止まる」

「鹿島のおばば　むらむら雀　朝きりかえして　きりかえせよな　朝きりかえして　きりかえせよな」

「よそのささらの風しき見れば　われらのささらは曲拍子よな　われらのささらは曲拍子よな」

「よそのささらは片拍子よな　よそのささらは片拍子よな」

「竹の簾で節がそろわぬ　竹の簾で節がそろわぬ」

「葭のすだれで　節がそろわぬ　葭の簾で　節がそろわぬ」

「向い小山のひちく竹　まだ若竹で節がそろわぬ　まだ若竹で節がそろわぬ」

「ずしをし切り　切りよ切りよとせめられて　ならい申した　かしましぶし　ならい申した　かしましぶし」

「天竺の鳳凰の声聞けば　足は駒高　子馬の横ばねよ　足は駒高　子馬の横ばねよ」

最後に歌われるのが「お暇の唄」で、

「雨が降りそで雲が立つ　おいとま申していざ帰らんか　おいとま申していざ帰らんか」

広田のささらは、すりこみの唄が、「京から下りの（後略）」と「まわるは車（後略）」であり、続いて、花がかりの唄が「思いもよらぬ（後略）」であり、花ちらしの唄が「龍花をちらして　女獅子たずねよ」であり、肩ならびの唄が「女獅子男獅子が肩ならびよ」である。

「茂ひの唄」は、獅子舞を行う場所で異なる。「切り拍子の唄」は数多いが、これまでみた歌と類似している。最後に歌われるのが「お暇の唄」で、「雨が降りそで雲が立つ（後略）」である。

広田の獅子舞は全体の構成としては、野の獅子舞とほとんど同じであることが分かる。

8　埼玉県深谷市血洗島《ちあらいじま》の獅子舞（注10）

十月十七日の諏訪神社の祭りに行う。所役は、法眼、雌獅子、雄獅子、花笠二人、笛方、歌方、大万灯持ち、小万灯持ちなどである。

ここの獅子舞は平ささら、花ささら、ぼんぜんがかり、橋かかり、綱渡り、花がかりなどの演目がある。

『郷土藝能　血洗島』という資料があり、そこに掲載された歌を取り上げる。

長歌については、

「参り来て一の鳥居に額かけて金と銀とで御庭輝く」
「春々と御庭草をふみわけて参るささらわ氏子なるらむ」
「西東立ちこもり落る木の葉が金と銀となる」
「参り来てこれの玄関をながむればみがき揃えたやりが百すじ」
「参り来てこれの糸屋をながむればこがねこわくで取るが十七八」
「参り来てこれの馬屋をながむればつなぎそろいた小馬が七匹中にめざす中でいさき」
「中立のかけたきに花さきて花をちらさずあそべ中立」

続いて花がかりの唄、

「思いも寄らぬ朝ぎりまいて花の女獅子がかくされ申した」
「松にからまるつたの花ゑんが切れたらほぐれほとほぐれろ」

切り拍子の唄、

「こどもたちささらが見たくば坂戸を出され坂戸の上にて参上しまなし」

「清十郎は二十一お夏は七つあわぬけぬきをあわしょとおしゃる」
「若殿は奥の門でなるをしづめて鈴の音きかしょ」
「山鳥は山が多いとて里に出て里のおにはで羽を休ましょ」
「奥山うさぎ奥山うさぎ何見てはねる十五夜お月あら見てはねる」
「黒雲をただおいかけて道の木かげでたつがまきそうろ」
「十七八、十七八のもめんばかまもめんばかまでいざびょうしんやろう」
「太鼓銅をきりりとしめてうつや拍子でさんびょうしそろい」
「天神林天神林の梅の花つぼみ盛りにはっと開き申した」
「向小山向小山のひちく竹ふしを揃へてきりにこまかにしよ」
「鹿の子は生れ落るともんどりうつてあれをみまねていざびょうしやろう」

上げ歌は二つある。

「つばくらのとんぼかえりはおもしろやあれをみまねていざかいらいな」
「国からは急げもどれと上使が来たおいとま申していざ帰らいな」

現在、これらの歌は歌われなくなっていることをお断りしておく。

歌の構成としては、「参り来て（後略）」という歌が歌われ、「花がかりの唄」「切り拍子の唄」である。最後の歌は「上げ歌」といい、「つばくろの（後略）」「国からは（後略）」である。

現在、歌われる歌は少ない。平成二十年の秋祭りに行われた獅子舞についてみておく。

獅子舞の一行は神社境内に入ってくる（写真26－1）。舞う場に来ると、時計回りに廻り位置につく。最初に棒術が行われる（写真26－2）。

写真26－１　獅子舞の一行が神社境内に入ってくる

写真26－２　最初に棒術が行われる

写真26－3　獅子3頭が出てきて時計回りに廻る

写真26－4　横一列になる

次いで、獅子三頭が出てきて時計回りに廻る（写真26－3）。横一列になり（写真26－4）、バチを地面につける。これを繰り返す。

続いて「姉さんねこ」である。横一列で前進し後退する。続いて時計回りに廻り、この時には内側を向いたり、背中合わせになったりする。これの繰り返しである。

「上げ」になる。横一列で前進する。内側を向いて時計回りに廻る。横一列になり歌になる。

「参り来て　一の鳥居に　額かけて　金と銀とで　御庭輝く」である。

歌の時には獅子は頭を左右に振る。

獅子は前進し、時計回りに廻る。内側を向いたり、背中合わせになったりする。歌になる。

「国からは　急げ戻れと　上使が来た　おいとま申して　いざ帰らいな」である。

この時にはバチで太鼓の上部を叩く。

横一列で前進し、後退する。礼をして終わる。

9　本庄市仁手《にって》の獅子舞（注11）

獅子頭は、延宝三年（一六七五）常陸城主蔭山数馬より、当地領主笹山彦左衛門を経由して拝領したという。天明八年（一七八八）、日の下開山常陸角兵衛流の奥義を極めた高原喜八なる者が舞を伝授したという。

獅子舞は十月十九日諏訪神社の祭りに行う。

天明八年の文書には、すり込貳品には、「しゃぢき舞」、「上だん」、「下だん」、「禰り」、「かたばち」、「提ばち」、「ふり込」、「ちゃう」、「ちゃり」、「ひのこ」、「どぢゃう禰こ」がある。くるい貳品には、「切り」として、「若竹」、

「鎌倉」、「壁こし」、「山雀さしこ」、「山雀羽休」、「鷹のこ」、「鹿のこ」、「黒雲」、「天竺天」、「餘所のささら」、「是の庭」、「天神林」があり、懸りには、「女獅子隠し」、「梵天懸り」、「綱懸り」、「笹引き」、「弓懸り」、「橋懸り」、「水懸り」がある。

ここの獅子舞は、村内の色々な場所で行うが、「すり込貳品」とあり、先に挙げたすりこみの二種類が行われ、「くるい貳品」にも先に挙げた二種類が行われ、それに「懸り」が行われるというものである。

獅子舞が行われる場所と歌についてみる。

諏訪神社では、「梵天懸り」が行われ、最初の歌は、

「此獅子は梵天虚空よりあま下り悪魔はらへば氏子繁盛」である。

切りの二種類の唄は、

「鎌倉の御輿が八つに雪降りて雪の木影で龍が巻きそろ」

「天神林の梅の花つぼみ盛にぱっとひらへた」

であり、最後の唄は、

「御國から急ぎ戻れと状符が来てお暇申して去来帰らぬか」で終わる。

稲荷神社では何の懸かりか分からない。最初の歌は、

「千早振神の御庭で遊びこと氏子揃へは神ぞよろこぶ」である。

切りの歌は、

「向ふ小山のひなこ竹まだ若竹で節が揃はぬん」

「鹿の子が生れ落ると踊り出るあれを見真似にいざ踊らぬか」である。

最後の歌は、

「月も日も西へ西へと傾けば御暇申していざ帰らぬか」である。

地神様の前では、「笹引き」が行われる。

「此笹は熊野の御山の曇りざさ悪魔はらへは氏子繁盛」

切りは、

「山雀がさしこの内てもとり切るあれを見真似にいざ踊らぬか」

「餘所のささらが拍子をうたば我らがささらはきょく打ちてみせよ」である。

最後の歌は、

「御國から（後略）」である。

雷電神社では「橋懸り」が行われる。

「鵲の渡せる橋のおく霜の白木をみれば夜ぞふけにける」

切りは、

「黒雲が只押かけてくるならば月の光りで龍が巻きそろ」

「是のとふの鷹を揃えて奥山のなりを鎮めて鈴の音きけ」である。

最後の歌は、

「御國から（後略）」である。

琴平神社では何の懸かりか分からない。

最初の歌は、

「参り来て是の御庭を詠むれば黄金小草が足にからまる」である。

切りは、

「壁こしに立寄りきけば面白や都々からせて早拍子しゃる」「山雀が山にういとて里に出て是のお庭で羽根をやすめる」である。

最後の歌は、

「御國から（後略）」である。

八雲神社では「梵天懸り」が行われる。

最初は「此獅子は（後略）」である。

切りは、

「天竺天王なる三日月を出てまわせばこの如くよ」、「参り来て（後略）」であり、最後は「御國から（後略）」である。

養蚕山神社では何の懸かりか分からない。

最初は「十七の胸に下がりし二つもの一つくれさい聲のくすりに」である。

切りは、「鹿の子が（後略）」、「是のとふの（後略）」であり、最後は「御國から（後略）」である。

二十二夜様では「梵天懸り」が行われる。

最初の歌は「此の獅子は（後略）」であり、切りは「壁こしに（後略）」、「天竺天王（後略）」であり、最後の歌は「御國から（後略）」である。

阿夫利《あふり》神社では何の懸かりか分からない。

最初の歌は「十七の（後略）」であり、切りは「鎌倉の（後略）」、「鹿の子が（後略）」であり、最後の歌は「月も日も（後略）」である。

名主家では「綱懸り」が行われる。

最初の歌は、

「此綱は不動尊者の魔切のつな悪魔はらへば御家繁盛」である。

切りは、「参り来て（後略）」、「餘所のささら（後略）」であり、最後は「御國から（後略）」である。

神主家では「橋懸り」が行われる。

最初の歌は、

「櫻木を打わりみればなにもなし橋にかければ香ひうつくし」である。

切りは、「参り来て（後略）」、「山雀か（後略）」であり、最後は「御國から（後略）」である。

女獅子隠しの歌は、最初は「十七の（後略）」であり、女獅子隠しに関わる歌は、

「思ひかけなく朝霧でそこで女獅子がちょいとかくされた」

「松山の松にからまる蔦の葉も縁が切れればほろりほうとほぐれる」である。

最後は「御國から（後略）」である。

雨乞い神前では「水懸り」が行われる。

最初は「雨あられ雪や氷とへだつれど落れば同じ谷川の水」であり、切りは「黒雲が（後略）」、「是のとうの（後略）」であり、最後は「雨が降りそで雲が立つ御暇申して去来帰らぬか」である。

お役所前は何の懸かりか分からない。

最初の歌は、

「朝日さす夕日輝くこの庭は櫻色さす千後は堪へせん」である。

切りは「天神林の（後略）」、「参り来て是のお庭を詠ればほ先揃へて槍が五千本」であり、最後は「御國から（後略）」である。

仁手の獅子舞は村内の数多くの場所で行われてきた。それぞれの場所での歌は四つであるが、全体的には切りの歌

は数多くあり、これまで取り上げてきた獅子舞とほとんど変わらない。

10　埼玉県比企郡吉見町松崎（注12）

この獅子舞は、旧暦八月十五日に八幡神社で行われた。

獅子三頭は、法眼、男獅子、女獅子である。花笠を被る役は「オカザキッコ」という。獅子と一緒に踊るのは「中立」という。それに、笛吹き、歌うたいがいる。獅子の行列には、法螺貝吹き、太刀かつぎがいるし、万灯には、大山車一本、小山車二本がある。

現在、獅子舞を行っていないので、資料に掲載された歌を取り上げる。

すっこみ

「咲いたりなー　咲いたりなー　一本に百八　咲いたりなー」

「御門の脇の小桜が　さてもみごとに　咲いたりなー」

ヒャロヒャットー

「まわるは車　まわるは車　ついてまわるは　水車よ」

女獅子隠し

「おもいもよらぬ朝ぎりがおりて　そこでめじしがかくされたよ」

「この頃は　岩にめじしが巣をかけて　岩をくだいて　めじしたずねろ」

「うれしやの　風がかすみを　吹きあげて　めじし　おじしが　いざうれしや」

花見

「しいらさぎは　海のど中に　巣をかけて　波にゆられて　はとたぁちそろー」

山がら
「山がらは　さしこのうちで　もんどりきる　あれを見まねにもんどりきりゃいな」

「きょうから下りて　たがいのにょうぶ　ひとえにさらりと　ひきまわされる」

「松山の松にからまる　つたの葉も　えんがつきれば　ほろりほろり」

天狗拍子
「あらぐわを千丁そろえて　ものつくりゃ　やほでとりたし　やほで八石」

「まことにさ　やほで八石とれたなら　これのおせどに　倉が七つ」

最後に、

「雨が降りそで　雲が立つ　おいとま申して　いざかえりゃんせ」

天狗拍子と最後の歌は、他に三種類ある。それは以下の通りである。

天狗拍子
「この宮に　まいろまいろ　思えども　橋がせき橋　とぶにゃとばれぬ」

「この宮は　何たるなんしょが　たてたやら　くさび一つで　四方かためる」

最後の歌
「この庭に　ささらの上手を　あるを見て　おいとま申して　いざ帰りゃんせ」

天狗拍子
「むさし野に　月の入るべし　山もなし　お花がくれに　月を送る」

「十七の胸にさがりし　二つもの　一つくれさい　こいのくすり」

最後の歌
「つばくろの　とんぼかえしは　面白い　あれをみまねに　後へひきやれ」

天狗拍子
「めぐりきて　これのお庭を　眺むれば　黄金小草が　足にからまる」

「めぐり来て　これのおでえを　眺むれば　ほ先そろえた　槍が五万本」

最後の歌
「日がくれる　道のめぐさに　つゆもいる　おいとま申して　いざ帰りゃんせ」

獅子舞の構成としては、「すっこみ」「ヒャロヒャットー」「めじしかくし」「花見」「山がら」「天狗拍子」、そして最後の歌で構成されている。

全体的にはこれまで取り上げてきた獅子舞と共通している。注目すべきは「すっこみ」の歌である。

「咲いたりなー　咲いたりなー　一本に百八　咲いたりなー」については、秋田の「長野ささら」で道中に歌う歌、

「なったとな　なったとな　そー一本に百八なったとなー」と類似したものがある。

続いて歌われる、

「御門の脇の小桜が　さてもみごとに　咲いたりなー」

は、同じ「長野ささら」の舞う場所での最初の歌、「門の脇の小桜咲いたよな　黄金花が咲いたよな」と類似した歌になっている。

11　埼玉県ときがわ町西平上サ《にしだいらか》の獅子舞（注13）

上サの峯岸家の先祖が、小田原北条の家臣で、獅子頭を被って逃れてきたという伝承がある。獅子舞が行われるのは、二百十日とか、江戸時代には諏訪社の七月二十七日の祭りに行われてきた。近年は十月十七日に近い日曜日である。

ここの獅子舞の演目は、岡崎、幣がかり、縁掛け、花掛り、女獅子隠しである。

最初に、歌が多く歌われる女獅子隠しについてみる。

女獅子隠し

塩を振りながら行列は進み、獅子を舞う場も清められる（写真27－1）。花笠は四隅に位置する。

中立と三頭の獅子は舞う場の所で一直線になり（写真27－2）、軍配と幣を持った中立が獅子を舞う場に入る。獅子はその場で太鼓を叩く。

中立は四隅の花笠の中間を四角形に時計回りに進む。それから、獅子を引き出す。獅子はその場で頭を大きく左右に振る。頭を左右に振りながら一歩一歩前進する。右足を右に出し、左足を左に出し、頭をその方向に振る（写真27－3）。

それから、丸くなり内側を向いて、太鼓を叩きながら出した足の左右に頭を大きく振る。内側を向いて、太鼓を叩きながら時計回りに廻り、それぞれの獅子も時計回りに廻る。

太鼓・太鼓の縁を叩く。最後に左手を挙げる。

片足跳びで太鼓を叩きながら時計回りに廻る（写真27－4）。歌になる。

写真27－１　塩を振りながら進む

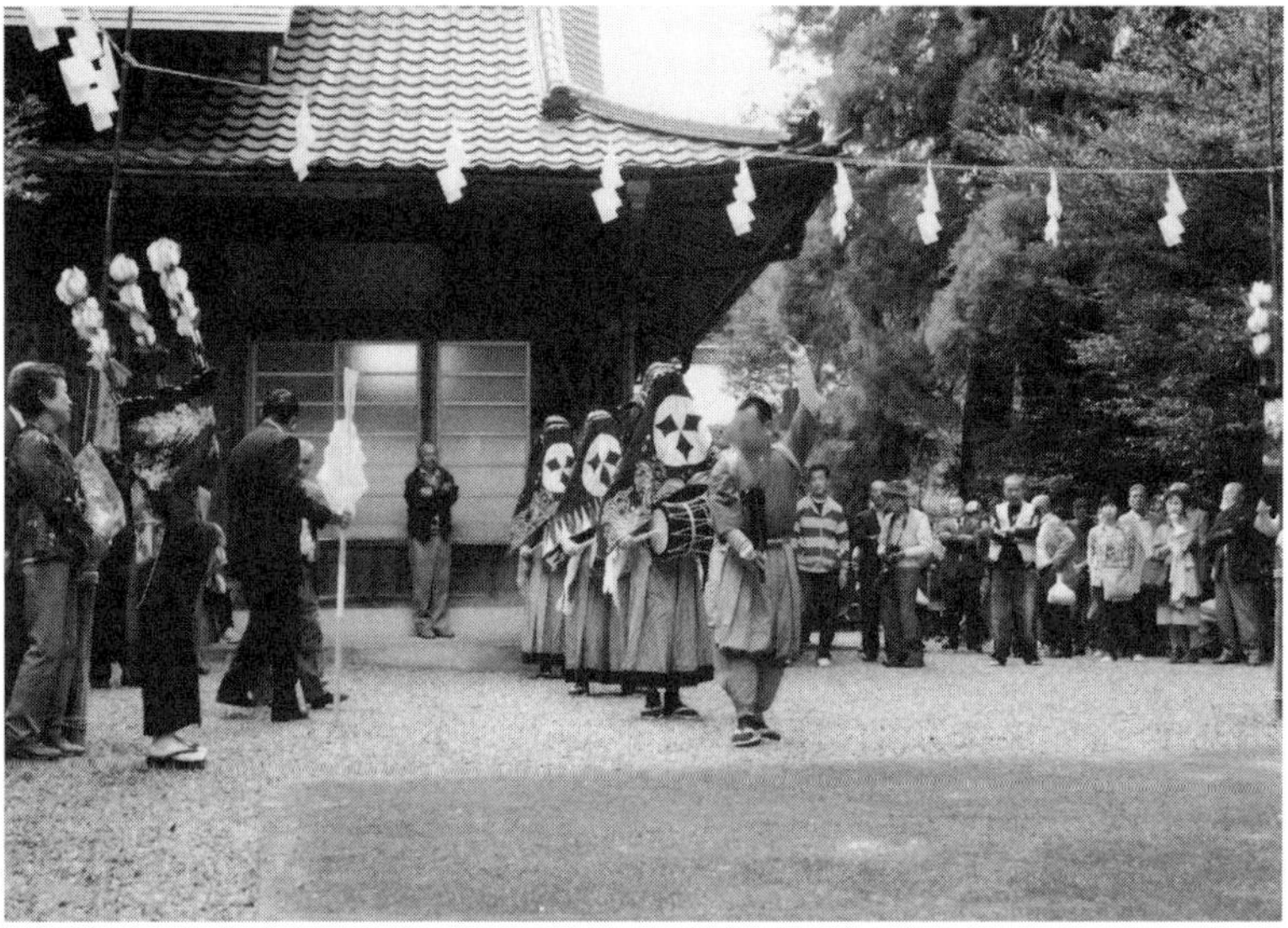

写真27－２　中立と３頭の獅子は縦に並ぶ

写真27－3　右足を前に出し、頭はその方向に振る

写真27－4　片足跳びで太鼓を叩きながら時計回りに廻る

写真27－５　花笠が中央に出て、女獅子がその中に入る

写真27－６　片足跳びで花笠の間を時計回りに綾になるように廻る

写真27－７　歌が歌われる

写真27－８　歌が歌われる

「唐から降りた　唐絵の屏風　ひとえにさらりと　引回せよ　ひとえにさらりと　引回せよ」

「思いもよらぬ　朝ぎりがおりて　そこで女獅子が　隠され申した　そこで女獅子が　隠され申した」

花笠が中央に出て、女獅子がその中に入る（写真27－5）。中立と大獅子と中獅子は、花笠の周囲を時計回りに太鼓を叩きながら片足跳びで廻る。

それから、大獅子と中獅子は刀を咥える。片足跳びで花笠の間を時計回りに綾になるように廻る（写真27－6）。歌になる。

「女獅子めが　岩のはざまに　巣をかけて　岩を砕いて　女獅子たずねる　岩を砕いて　女獅子たずねる」

半周廻って歌になる（写真27－7）。

「山雀が　山が飢えとて　里へ出て　里のさしこで　もどり子をたばな　里のさしこで　もどり子をたばな」

中立と大獅子と中獅子は花笠を二回廻る。歌になる。

「海のとなかの　浜千鳥　波にゆられて　ぱーんとたちさーれ　波にゆられて　ぱーんとたちさーれ」

刀をとり、花笠は四隅に移動する。中立と三頭の獅子は花笠の間に入り、縦一直線になり、歌になる（写真27－8）。

「うれしやの　雲を霞と　吹き上げて　女獅子男獅子が　肩を並べた　女獅子男獅子が　肩を並べた」

中立と三頭の獅子は花笠の周りを廻る。歌になる（写真27－9）。

「松山の　松にからまる　蔦ふじも　縁がきれれば　ほろりほごれる　縁がきれれば　ほろりほごれる」

中立と三頭の獅子は花笠の周りを廻り、花笠の間に入り歌になる。

「日が暮るる　道の根ざさに　露も入る　お暇申して　もどり来をささら　お暇申して　もどり来をささら」

それから、丸くなり、天狗拍子を二回行う（写真27－10）。バチを叩きながら時計回りに廻り、それぞれは反時計回りに回る。歌になる。

写真27－９　花笠の周りを廻り、歌になる

写真27－10　丸くなり、天狗拍子を行う

「五万本の　槍をかつがせ　でるならば　安房と上総は　公の御知行　安房と上総は　公の御知行」

　バチを叩きながら時計回りに廻り、それぞれは反時計回りに回る。両手を挙げる。太鼓の縁を叩きながら時計回りに廻り、それぞれは反時計回りに回る。歌になる。

「公の　お出を眺めれば　穂先揃えて　槍が五万本　穂先揃えて　槍が五万本」

　続いて谷ツ切りを二回行う。バチを叩きながら時計回りに廻り、それぞれは反時計回りに回る。両手を挙げる。太鼓の縁を叩きながら時計回りに廻り、それぞれは反時計回りに回る。歌になる。

「殿さまに　切りを切りをと　責められて　習い申した　大山谷きり　習い申した　大山谷きり」

　内側を向いて太鼓の縁を叩き、両手を挙げる。太鼓の縁を叩きながら時計回りに廻り、それぞれは反時計回りに回る。

「日が暮るる　雨が降る気で　雲が立つ　お暇申して　もどり来をささら　お暇申して　もどり来をささら」

　内側を向いてバチを叩き、両手を挙げる。

　縦一列になり、半回転して太鼓を叩き、半回転して拝礼して終わる。

　女獅子隠しについては、「唐から降りた（後略）」で始まり、二頭の男獅子の女獅子の取り合いなどに関わる歌が歌われ、

「日が暮るる　道の根ざさに　露も入る　お暇申して　もどり来をささら　お暇申して　もどり来をささら」

が歌われ、終わりになることが多いが、ここの獅子舞では、さらに天狗拍子で二つの歌が歌われ、谷ツ切りで二つの歌があり、最後の歌が、

「日が暮るる　雨が降る気で　雲が立つ　お暇申して　もどり来をささら　お暇申して　もどり来をささら」

である。

女獅子隠しでは、最後に天狗拍子と谷ツ切りが行われる歌が歌われる。他の演目でも、それぞれの演目に関わる内容の獅子舞の後、同じように歌が歌われる。

「岡崎」からみていく。

「岡崎」は西平の宿と神社で行われる。宿の「岡崎」からみる。

「岡崎」は天狗拍子と三拍子からなる。

天狗拍子は丸くなり踊る。歌は以下の通りである。

「回れや車　水車　遅く回りて　せきに迷うな　遅く回りて　せきに迷うな」

「おくのたかみの　くつわ虫　鳴りを静めて　歌の方を聞けよ　鳴りを静めて　歌の方を聞けよ」

「この宮へ　まえろまえろと　思えども　足は引き足　飛ぶに飛ばれず　足は引き足　飛ぶに飛ばれず」

「名主さま　今はさかりと　うちいでて　金のあしだで　すみの唐傘　金のあしだで　すみの唐傘」

続いて三拍子であり、歌は、

「おらがささらは　一夜のささら　お笑いなさるな　三拍子よろ　お笑いなさるな　三拍子よろ」

「この宿は　縦が拾五里　横七里　入りはをよく見て　出はに迷うな　入りはをよく見て　出はに迷うな」である。

神社で行う「岡崎」もみておく。

天狗拍子の歌は、

「この宮へ　まえろまえろと　思えども　足は引き足　飛ぶに飛ばれず　足は引き足　飛ぶに飛ばれず」

「この宮は　飛騨の匠が　建てたげな　楔一つで　四方かためた　楔一つで　四方かためた」である。

三拍子の歌は、

「おらがささらは　一夜のささら　お笑いなさるな　三拍子よろ　お笑いなさるな　三拍子よろ」

「武蔵野に　月の入るべき　山もなし　黄金かすみに　ひけよ横雲　黄金かすみに　ひけよ横雲」である。

天狗拍子も三拍子も歌が一つずつ宿の「岡崎」と共通している。

他に「幣がかり」、「縁がけ」、「花掛り」があり、演目の名称に関わる歌はないが、その後に続く内容で歌が歌われる。

「幣がかり」では、天狗拍子と三拍子が続き、天狗拍子の歌は、

「この庭は　ささらそだちの　庭だけに　紙垂《しで》がこぼれて　花とみえそろ　紙垂がこぼれて　花とみえそろ」

「十七の　髪の毛姿を　みえねども　今のささらは　きりをちがえた　今のささらは　きりをちがえた」

続く三拍子の歌は、神社での「岡崎」の歌と同じである。

「縁掛け」は、最後に三拍子と綾拍子が続く。三拍子の歌は、

「今の酒　江戸の江川か　万年酒か　旅の疲れで　呑みを覚えた　旅の疲れで　呑みを覚えた」

「五万本の　槍をかつがせ　でるならば　安房と上総は　公の御知行　安房と上総は　公の御知行」である。

綾拍子の歌は、

「殿さまに　切りを切りをと　責められて　習い申した　綾拍子やろ　習い申した　綾拍子やろ」

「公の　お出を眺むれば　穂先揃えて　槍が五万本　穂先揃えて　槍が五万本」である。

「花掛り」の最後は、天狗拍子と谷ツ切りである。天狗拍子の歌は、二つとも「幣がかり」と同じである。谷ツ切りの一つは、「縁掛け」の綾拍子の「公の　お出を眺むれば（後略）」と同じであり、もう一つの歌は、

「殿さまに　大山谷ツ切り　習い申した　大山谷ツ切り　習い申した」である。

まとめ

埼玉県内の獅子舞では、現在まで歌が数多く歌われている獅子舞は、川越市を中心とした地域でみられることが多い。

ここで取り上げた獅子舞は、川越市周辺だけではなく、文献資料などがあるものを含めているので、比較的広範囲に分布している。また、秩父の下妻流の獅子舞は、すでに群馬県の獅子舞の所で取り上げている。

それぞれの獅子舞の歌については、川越の獅子舞をはじめ、取り上げた場所で簡単な位置づけをしている。より広範囲の比較は、この後に続く「全体のまとめ」で行うことにする。

注

1　千葉県袖ケ浦市長谷川氏制作のビデオ『福井県無形民俗文化財　雲濱獅子』（雲濱獅子保存会　平成六年）、それに、小浜市教育委員会『福井県無形民俗文化財』（令和二年）で、雲浜獅子、玉前区、男山区、多賀区、日吉区の獅子の記述を参照しながら記述した。

2　『川越市史　民俗編』（川越市　昭和四十三年）

3　『小ヶ谷のささら獅子舞』（小ヶ谷ささら獅子舞保存会　昭和五十三年）と保存会製作のビデオによる。

4　伊藤正和『南畑八幡神社獅子舞』（南畑八幡神社獅子舞保存会　昭和五十二年）

5　『埼玉県指定無形民俗文化財　台町獅子舞　戦後五十周年祈念靖国神社奉納舞実行委員会記念誌』（台町獅子舞靖国神社奉納舞実行委員会・本庄市観光協会　平成九年）

6　『埼玉縣下神社特殊神事　第二輯　埼玉の獅子舞　一名簓獅子』（埼玉縣神職會、大正十年）

7　『埼玉縣民俗芸能緊急調査報告書　埼玉の民俗芸能』（埼玉県教育委員会　平成四年）

8　『行田市指定民俗無形文化財ささら獅子舞　うたう獅子舞』（行田市野村ささら獅子舞保存会　平成二十六年）
9　「『広田のささら』について」（地元資料）
10　『郷土藝能資料　血洗島』（地元資料）
11　金鑚武城『獅子舞資料の一』（『埼玉史談』第三巻第五号）
12　歌については「松崎ささら獅子舞」歌謡（地元資料）と『埼玉の獅子舞』（埼玉県教育委員会　昭和四十五年）
13　『都幾川村誌　民俗編』（都幾川村　平成十一年）

全体のまとめ

これまで、秋田のささらや獅子踊りの歌を中心に、主に関東の獅子舞との比較を行ってきた。

最後に、全体のまとめをして終わりにする。

一　棒術・奴など

1　棒術

最初に棒術や奴の芸能などをみておく。

秋田県の「長野ささら」の巻物には「免状之事」とあり、「小太刀刀鎌棒天心流奥義之処師範可勝手事」とある。

現在「長野ささら」では棒術などはないが、文書には、獅子舞と同時に書かれていることは重要である。

「戸沢ささら」の巻物にも所役の中に「棒十一人」とある。

「道地のささら」では、「扇田作々楽の古書付」には、

「獅子江添候棒太刀者、常陸ニテ執行ニ致候一心流之内、左之通り興行可被致候」

とあり、棒太刀の内容が、

「左右、小手払、運きょう、追掛、幕からミ、ひつミ、下段のしや」とある。

秋田の「ささら」や獅子踊りでは、このような文書がある。そして、現在でも棒術は行われているし、奴の踊りも行われている。

「道地のささら」からみていく。

神社では、鳥居の所で棒で入れないようにする。そして、棒が払われ、棒を先頭に獅子が続く。そして、棒が獅子を脇に追いやり、棒術が行われる。その後、獅子、奴の順で行われる。

栃木県の獅子舞でも棒術が各地で行われる。例えば、宇都宮市関白町の「天下一関白神獅子舞」の「平庭」では、棒術が初めに行われる。その途中で三頭の獅子が出てきて、せめぎ合ったりする。最後に、棒術の人を獅子がしりぞけ、獅子舞が始まる。

「谷地町の獅子踊り」では、踊る場所につくと、行列はその場所を一廻りし場所を定める。場所が定まると、「八つ払い」になる。場所を清めるもので、棒使いが襷掛けをして、踊りながら襷掛けをする。棒をクルクル回して終わる。

棒使いが場所を清めるのは、栃木や埼玉、群馬の獅子舞ではしばしば行われる。宇都宮市関白の獅子舞でも同じ機能を持っていると考えられる。

埼玉県川島町北園部の獅子舞では、振り万灯が舞庭を祓い清める。その後、棒使い、獅子舞が続く。鴻巣市小谷の獅子舞では、獅子舞の前に棒術を行う。最初に棒頭が四方切りをして場を清める。

群馬県の獅子舞で棒術が盛んなのは高崎市内である。棒術を行うのは赤鬼と青鬼の面を被った二人である。

以上のように、棒術などは最初に行われ、獅子舞を行う場を清める役割がある。

2　奴など

奴の踊りは、「道地のささら」でも行われるが、大館地方では広く行われてきたことはすでにみてきた通りである。

秋田で行われてきた奴踊りは、関東では行われる所がない。奴の芸能は、栃木県の木綿畑本田の獅子舞とその周辺の獅子舞、群馬県の那須の獅子舞では、獅子舞の初めに奴の口上があり、獅子舞の縁起などを述べるということがある。埼玉県日高市の高麗神社の獅子舞では、棒術を行う人が奴の化粧をして獅子舞を行う場を清めるということもある。

また、東京都奥多摩町の境の獅子舞では「オオヤッコ」「カラスヤッコ」の獅子舞の所作がある。獅子舞の所作の中には「ヤッコを踏む」という例もある。現在は行っていないが、埼玉県川島町北園部の獅子舞は、「始めの庭」の最初に「獅子が動き出す時に、笛により奴を振る」とあるが、所作の内容は分からない。

二　歌

続いて、獅子舞の歌のまとめをする。

1　道中

三頭立ての獅子舞は、各地の獅子舞を見ると、一ヶ所で行うのではなく、神社や寺、民家などを巡って芸を披露してきた。その道中では、例は少ないが、歌が歌われることがある。そのことからみていく。

秋田県の「東長野のささら」では「普通渡り歌」がある（注1）。

「成った成ったど　茄子成ったどなー　一本さ百八　茄子成ったどなー」

「お寺の茄子木さ　茄子なったどなー　一本さ百八　茄子成ったどなー」

　というものである。

「長野ささら」では道中に歌う歌が数多く伝承されている。次の通りである。

「向山の光り物は　日か星か蛍か　月でもないし　星でもないし　しのぶ男のたいまつよ」

「向山の七つ村に　みのとかさと　わすれたとなし」

「橋の下のしらなぶさ　人がかよえば　よじよじと」

「なったとな　なったとな　そー一本に百八なったとなー　そーお寺の茄子木に百八なったとさー」

「拾七八のそばによれば　心よせろか　気をやろか」

「西は山　東に落つる滝の水　止まり兼ねたや　止まり兼ねたや」

　これらの歌は、芸能を行う人が道中に歌う歌として、現在でも納得できるような内容である。

　続いて栃木県の獅子舞で歌われる「朗詞」といわれる歌についてみる。秋田の例と同じ道中の歌であるが、歌われる内容が異なる。

　日光市上栗山《かみくりやま》の獅子舞の「朗詞」からみる。数多い歌がある。

「葺き殿は　夏が来たのに何を土産に持ってきた　梅、すもも下り苺やまたはぐみの折り枝」

「十七が　沢に降りて黄金柄杓で水を汲む　水汲めば袖がぬれそう　たすき御かけやれ　十七」

「ほーがん殿は　東下りて　何で包んだ　綾錦　ゆだんかけそろ　虎の皮でつつんだ」

「あれ見さよ　向いみさよ　びょうぶを立ててすごろく　双六に五番まけそう　二度とうつまい双六」

「西どうと　東どうと　合の障子のかろ梅　西枝に十三　東枝に九ツ　も一つもおちろかろ梅　しのべとのうの御土産に」

「しもつまのタガヤ殿は　海へザンブと飛び込んだ　西風に笛を吹かせて　波に太鼓を叩かせた」

「鎌倉の左京殿が前の川原で魚を釣る　釣竿は浮きて流れる左京殿は瀬につく」

「鎌倉の御所の前で小倉雀が腰を病む　小雀が　うつり枝して　どこがやめそう　小雀腰の廻りがやめそう」

「天じくのあまの河原に白き手桶が流れる　手を出して取ろうとすれば　七つ波が寄ってくる　七つ波が寄らなければとれるものを」

「天じくのくまんどうしゃの　かたにかけたるかたびら　かたそではぐみの折枝　中は御前のそりはし　そりはしを渡る者こそとんび　はんばき　ちゃきらこきらの小雀」

「鎌倉の御所の前で小倉雀が腰を病む　小雀はうつり枝してどこがやめそう　小雀どこよりもかしこよりも　べそのまわりが病めそろ」

　である。

　これらの歌の内容は、秋田の道中の歌とは明らかに異なっている。「下妻の多賀谷殿」とか「鎌倉の御所」などが歌われ、江戸時代以前の内容と感じられる。

　野門《のかど》の「朗詩舞」でも多くの歌がある。上栗山と共通した歌が七つあり、異なる歌を取り上げる。

「鎌倉の鶴が池で　いせはまぐりが流れる　手を出して取ろうと　仰言れば　七つ波が打ってくる」

「判官どのは船にこんぶを召されて　西風に笛を吹かせて　波に太鼓を打たせる」

「十七をつれて行くはかたちあめが吹りそろ　怖しのかたちあめかな　いつが世にも忘れまい」（「かたちあめ」とは

夕立雷鳴のこと）
「あれを見さいよ向かひを見さよ　さるが太鼓を引やる　長綱をたぐり立てて　うんさらさと引き申す」
「鎌倉の御所の前で十三御姫が化粧する　酒よりも肴よりも　十三御姫が目に立つ」
である。歌の内容や個々の言葉などは、すでにみてきたものと類似している。

続いて、道中ではないが、舞の初めに歌われる歌が、これまで取り上げたものと共通している例を挙げる。同じ栃木県の例である。

大字町谷関ノ沢の獅子舞では、「舞初め」に次の歌が歌われる。

「鎌倉の御所の前を通ればきり窓に　よそりかかりお笠めせと呼ばわる」

「ジョー七が沢へ下りて黄金柄杓で水汲めば　袖がぬれる　たすきかけさえジョー七」

「百千本のたけのこが揃うなれば　御所がめいしょとなるべし」

日光市北和泉では「ぼっこみ」の歌として歌われる。

「天地くの天の川原に白き桶が流れる　てをたしてとろうとすれバ七つなみがうってくる　七夕の手水桶女七夕のをほけか　女七夕のおぼけならつまづとたまれや七つろう　いっそういとこのかたびら」

船生《ふにゅう》の獅子舞では「まいこみ歌」として、

「西とのと東とのと　あいのしょうじのかろんめ　西枝に十三なりし　東枝に九つ　も一つ落ちろ　かろんめ　しのぶとのごのみやげに」（「かろんめ」は唐梅）

「千代七がさわいをおりて　こがねひしゃくでみづをくむ　水をくめばそでがぬれる　たすきかけやれ千代七」

「天地久の天の川　白きをけがながれる　てをだしてとろうとすれば　ななつなみがよりくる」

これら三ヶ所の歌は、これまで取り上げた歌と共通したものが多い。それに「ジョー七」と「千代七」と並べてみると、同じ名前だった可能性があると気づく。

群馬県中之条町岩本の獅子舞では、後庭の舞の最初に歌われる歌がある。

「法眼の東下り　笈は何でつつんだ」
「錦のたゆたんかけて　鹿の子皮で包んだ」
「かわらごにひるねしておとりかごわすれた」
「とりかごが二貫二百とりが三貫三百」
「合わせて五貫五百さてもおしのとりかご」
「十七のお方よりもさてもおしのとりかご」
「しもつまの高や殿は笛でなんぼめされた」
「吹く風に笛を吹かせて波に太鼓を打たせた」
「鎌倉の御所の前を笠をぬいで通れば」
「西までによりかかり　お笠めせよとよばわる」

である。これらの歌は、栃木県の歌と、全体的には共通したものが少ない。「法眼の東下り」「鎌倉の御所」などは共通している。

それに「しもつまの高や殿」は「下妻の多賀谷殿」と同じであると思われる。埼玉県秩父でみられる由来伝承の「下妻流」についても理解が進むと思われる。

これらの歌を見ると、秋田は、栃木と群馬などは地理的に隔てられているが、秋田については茨城との関わりがあるので、茨城、栃木、群馬と考えると、歌の分布としては納得できるものである。

2　最初・最後の歌

続いて、道中ではなく、獅子舞を行う人たちが、獅子舞を披露する場所に到着して最初に歌われる歌と、獅子舞を終えて最後に歌われる歌についてみる。

「東長野のささら」の「雷《かんだち》」では、最初に歌われるのは、

「御門の脇の小桜に　黄金の花が咲いたとな入りはよう」である。

終わりは、

「お目出度やおもしろや　海の中の薬師堂」

「お目出度やおもしろや　海の中の薬師堂」である。

「長野のささら」では「神立」に、最初と最後に歌われる歌が同じである。

「門の脇の小桜咲いたよな　黄金花が咲いたよな」

「大目出たいや　大目出たいや　おうみの中の薬師堂」

である。

「東長野のささら」と「長野のささら」は共通した点が多い。

長野県上田市の房山獅子では、最初の歌は、

「御門の脇のこん桜　こんがね花も咲いたとな」

「玉の簾をまき揚げて　まよりささらを　お目にかけましょ　お目にかけましょ」である。

終わりの歌は、

「御門の脇のこん桜　こんがね花も咲いたとな」である。

同じ上田市の常田《ときだ》獅子の最初と最後の歌は、

「御門の脇のごんざくら　御門の脇のごんざくら　黄金花が咲いたとな　黄金花が咲いたとな」である。


上田市保野《ほや》の獅子舞は、獅子舞とともに行われる「ささら踊り」において歌われる歌で、

「御門の脇のごん桜　咲いて取るは笹の葉　御門の脇のごん桜　咲いて取るは笹の葉」がある。

また、上田市の別所温泉地区の「岳の幟」において、三頭獅子とささら踊りが一緒に行われていて、ささら踊りでは、

「御門の脇のごん桜　黄金の花も咲いたとさ　お寺の茄子も成ったとさ　一本で百八なったとさ」（注2）

という歌がある。ここでは、茄子に関わる歌も含まれ、秋田の道中の歌と共通している。

上田市周辺の獅子舞では同様な歌が歌われる。そして、「御門の脇の（後略）」は秋田とも共通していることが分かる。


埼玉県吉見町松崎の獅子舞は現在行われていないが、以前歌われていた「すっこみ」といわれる最初の歌には、

「咲いたりな　咲いたりな　一本に百八咲いたりな　咲いたりな」

「御門の脇の小桜が　さてもみごとに　咲いたりなー　咲いたりなー」がある。

この例は、秋田の「道中の歌」と最初に歌われる歌の内容であることが分かる。「長野のささら」と「東長野のささら」にみられる「お目出度や（後略）」などは、獅子舞を行う人たちが、獅子舞を行う場所に対する寿詞と考えられる。「門の脇の小桜咲いたよな　黄金花が咲いたよな」などの歌も同様な寿詞と考えられる。

これらの歌が歌われるのが長野県では比較的に広範囲にみられ、秋田県では多くなく、埼玉県では一例である。しかし、これらの歌が各地でみられるといってもよく、この点は重要なことである。

続いて、最初に歌われる歌についてさらにみていく。

秋田県粕田獅子舞の「追込み」では、

「フリを見ろや牝獅子牡獅子の振りを見ろや　今こそ心は花の都だあよ」である。

栃木県の一ツ樅の獅子舞と木綿畑本田の獅子舞は、同じ歌が最初に歌われる。

「なりをしずめておきやれ　ささらの習いで　歌を詠みそうろう　歌を詠みそうろう」である。

神奈川県相模原市下九沢の獅子舞は、ブッソロイで、

「なりをしずめておききやれ　われらがささらの　うたのしなきけ」

「このみやは　なんたるだいくが　たてたやら　しほうしめんに　くさびひとつで」である。

鴻巣市の小谷の獅子舞では、

「おみすだれ　さらりさらりとまき上げて　舞いのささらを　おめにかけましょ」

「この柴に　ささらの上手があると聞いて　こうのすながらも　ささらはずかしや」である。

同じ鴻巣市の原馬室《はらまむろ》の獅子舞（注3）では、

「ささらの玉の簾をまき上げて　入りし簓を　お目にかけます」である。

行田市野の獅子舞は、

「ささらさらりと　舞あげて　舞のささらを　おめにかけよとな　舞のささらを　おめにかけよとな」である。

川越市小ヶ谷の獅子舞（注4）では、

「さらさらと　玉のすだれを　巻きあげて　まいるささらを　お目にかけましょ」である。

川島町伊草の獅子舞（注5）では、

「さらさらと　さまのすだれを　まきあげて　まいるささらを　お目にかけをな」である。

色々な例を見たが、これらの最初に歌われる歌は、芸能を行う者たちが、披露する芸能を見てくださいという内容である。

3　花歌

花のお礼の歌もみておこう。

秋田県の花歌からみていく。

「道地のささら」の花歌は、

「黄金代黄金代　物積み上げて　我等に給わる過分なるかな」である。

「長野のささら」の花歌は、

「お盆おはつに　白金黄花うえ揃えて　これをいただき　国の土産に」である。

「谷地の獅子踊り」の花の礼の歌は、

「上ゲタ花　吾等ニ下サル　有難ヤ　オソレヤイナガラモ　国ノ土産ノ　ヤイ　国の土産ヨ」

粕田獅子舞の「花踊り」の歌は、

「この敷《やしき》の　萬の長者も　あればこそ　つつみかくしてあげた花　おそれながらいただく　おそれながら里のみやげに」

栃木県一ツ樅の投げ草の歌は、

「投げ草を出したお人は　末永く　孫子多に　まめに栄よる　みょうがなるもの　みょうがなるもの」である。

花歌については、戴いた物（花）を国や里の土産にするということが留意すべき点であり、芸能者が、獅子舞を行う場所の外から来て、芸能を披露し、土産を戴いて帰っていくと考えられる。投げ草の歌は、投げ草を出した人の繁栄について歌っている。ともに、芸能者のありようの一面が表現されていると考えると、芸能者と芸能者を受け入れる側の関係がみられる。

4　舞に伴う歌

続いて行われる獅子舞の歌についてみていく。すでにみてきたように、共通した内容がみられるが、それらについて確認していきたい。

秋田県の「道地のささら」の「大切り」では、

「まわれや　車　水車　しずかにまわれや　水車」

続いて、

「京から　下だる　唐絵の屏風　ひとえにさらりと立ちまわす」と歌われる。

三頭の獅子が廻りながら舞う時に歌われる歌である。秋田の「ささら」といわれる獅子舞では、この点については共通している。

続く「中切り」で歌われる歌は二つあり、一つは、

「まいりきて　これのお庭を見申せば　南さがりの　ますがたのお庭」である。

秋田の「ささら」や「獅子踊り」では、「参り来て」で始まる歌が多くみられる。

そして、「女獅子かくるる時」の歌は、

「思いもよらぬ　朝霧が降りて　ここに女獅子かくれた」

「霧に女獅子かくされて　心ならずも　苦しかる」

「男獅子こそ　辰巳の角にあおがれて　太鼓まくらに　声そなきかな」

「うるし山の　風に霞が吹き払い　ここに女獅子　あおぎおこし」

「さあさの中たち女獅子おば　なにと尋ねて　おびきだした」

が歌われる。

女獅子が隠れて、その後、二頭の男獅子が取り合う場面で、この歌の内容は秋田でも他の地域でも、類似の歌になっている。

続いて、「小切り」の歌になる。

この歌は、類似した歌も多いが、異なる内容の歌も多い。

そして、最後の歌になる。

「国からは　急ぎ戻れと　文が来る　我等も見舞いて　家さかえろ」

「つばくろの　とんぼかえりの　おもしろや　おいとまごいして　家さかえろ」

「太鼓のどうを　ぎりぎりとしめて　ささらはさらりとしりおさめる」

これらの歌も、秋田だけでなく他の地域でも類似した歌になっている。

秋田の「ささら」といわれる演目では、女獅子が隠れ、二頭の男獅子が取り合う歌を含んでいるのは、「神立」と言われる演目であり、歌の内容が共通している。

秋田の「獅子踊り」といわれる地域でも、これまでみてきたように、歌の内容は共通している。

秋田以外の獅子舞でも、女獅子を取り合う内容を含んだ獅子舞があり、そこの獅子舞の演目がそれ一つの場合は、歌の内容や構成が類似していることは、今までみてきた通りである。

秋田の「ささら」といわれる獅子舞では、女獅子を取り合う内容を含まない演目があり、例えば、「恋慕」についてもみておこう。

「白岩のささら」の「恋慕」では、三頭の獅子が廻りながら踊る。

「廻りは来る　廻りは来る　続いて廻れや」

「京都で御番　唐絵の屏風　一重にさらりと」

が歌われる。

廻りながらが続き、

「まいり来て是のおつぼを　見もやせば　お堀九つ門七つ　中で遊ぶは鶴と亀」と歌われる。

続いてもう一つの歌がある。

廻りながら、

「天竺天王　村々鎮め　矛先そろえて」

「向い小山　小百合の花　つぼんで開けや」

写真28－１　万灯を８の字に廻る

が歌われる。

四角のかたち、廻りながら踊る。

「ひとつはねるはきりぎりす　続いてはねろや」と歌われる。

続いて終わりの歌になる。

「我が国より急ぎ戻れと文が来た　おいとま申せよ」

「太鼓の胴をきりりとしめて　ささらをさらりと」

である。

「神立」に比べて、「恋慕」は女獅子の取り合いに関わる歌が無いので、歌の数が少なくなる。

それに対して、埼玉県川越の獅子舞では、「八切り」と「十二切り」と二演目がある。

「八切り」は女獅子を取り合う部分があるが、この演目は歌の数が少ない。それに対して「十二切り」は歌に合わせて獅子舞が行われ、多くの歌が歌われる。秋田の「ささら」の「神立」や「恋慕」とは対照的である。

群馬の稲荷流の獅子舞と埼玉県秩父の下妻流の女獅子隠しなどといわれる演目は、歌の数が多いが、秋田の「ささら」の「神立」などとは異なる。稲荷流の獅子舞である群

写真28－２　先獅子と後獅子は向かい合い太鼓を叩く

馬県高崎市の「保渡田《ほどた》の獅子舞」でその違いをみておく。

万灯を廻る。

「八重に九重　露を持ちて　これのお庭で　しだれ面白

しだれ面白」

片足跳びで万灯を８の字に廻る（写真28－１）。

「笛吹きの匂袋の緒が切れて　麝香こぼれて　匂ひ面白

匂ひ面白」

女獅子が隠れる。

「思ひがけ地の朝霧に　恋しや雌獅子を　かくされたな

かくされたな」

片足跳びで万灯の周りを廻る。

「霧に雌獅子をかくされて　心ならずも　苦ししかな　苦

ししかな」

二頭の男獅子は逆方向で万灯の周りを廻る。

「南無薬師　思し妻に合せて給へ　錦のみとちょう　かけ

てまいらしょ　かけてまいらしょ」

二頭の男獅子は万灯の周りを一緒に廻る。

「薬師のごむそう　早めてそふろを　大花がくれに　にい

らや嬉しや　にいらや嬉しや」

先獅子と後獅子は向かい合い太鼓を叩く（写真28－2）。

「天軸天王　相染河川原の　しゅくしゅ結ぶ　神のたたりか　神のたたりか」

先獅子後獅子は一緒に廻ったり、向かい合う。

「誠にしゅくしゅを結ぶ神なら　女獅子男獅子を　結び合わせろ　結び合わせろ」

先獅子、後獅子、女獅子を探す。探してから、先獅子と後獅子は向かい合い争う。お互い一度ずつ勝つ。三頭の獅子が一緒になる。

「奥山の松にからまるつた草も　えんがきれれば　ほろりほぐれる　ほろりほぐれる」

カンカチ、三頭の獅子は向かい合い片足跳びで太鼓を叩く。

「急ぎ戻れの　じょうが来て　おいとま申して　戻り子がささら　戻り子がささら」

横一列になり礼をする。

この演目の獅子舞は、埼玉県秩父黒谷の下妻流の獅子舞の演目の歌と類似している。そして、歌の内容は、ほとんどが女獅子隠しに関わるものになっていて、秋田の「神立」の歌との違いは明確である。

最後に、秋田の「ささら」と群馬県水上町藤原下組の獅子舞とを比較しながらみたい。

この獅子舞の演目は、「国久保」「山がかり」が、女獅子がいなくなり取り合う内容の歌を含む。

「日本がかり」は女獅子がいなくなり、取り合う内容の歌を含まないものである。

「国久保」は「入羽」「遠見の座」に続いて、「前吉利」になり、時計回りに廻り、

「廻れ廻れ水車　遅く廻りて　せきに止まるな　せきに止まるな」と歌われる。

「歌吉利」では、

「詣り来てこれのお庭をながむれば　四方四角に　枡形の庭　枡形の庭」と歌われる。

座って膝をつき、

「お庭から諏訪の社前をながむれば　かきゃ揃いた　麻の初引き　麻の初引き」と歌う。

その場で回ったりし、座って膝をつく。

「しだれ柳を引き留めて　これに宿れや　十五夜の月　十五夜の月」

バチを地面につける。

「小歌吉利」は、女獅子が前獅子と後獅子の間を行ったり来たりする。歌は、

「女獅子隠され味気なや　いざや友獅子　女獅子尋ねろ　女獅子尋ねろ」

「なんと女獅子を隠すとも　これのお庭で　尋ね逢うべし　尋ね逢うべし」である。

横一列になり、三頭一緒に舞う。花が出る。「岡崎」で花の周りを廻り、前獅子と後獅子が女獅子を取り合う。花が退く。

「中吉利」で、

「風吹けばかかる霧も吹き払い　ここで女獅子に　逢うぞ嬉しや　逢うぞ嬉しや」と歌う。

続いて「雲吉利」で、

「雲のように晴れたる雲のふりを見て　それを見まねに　霧をこまかに　霧をこまかに」と歌う。

座ってバチを地面につける。「後吉利」の歌は、

「十七の裾やたもとに糸つけて　しなやしなやと　後へ控えな　後へ控えな」

で、バチを地面につけて終わる。

続いて「山がかり」をみる。

「入羽」「初吉利」「庭見」の後、「前吉利」で、歌に合わせ、廻る。

「京ではやりし牛車　この座をさらりと　曳きや廻した　曳きや廻した」

「歌吉利」では、

「雨降れば庭のほこりもはや湿る　出でて舞《まい》けよ　宴の殿原」

「揚がる鞠落ちて来る所を　蹴飛すれば　三方桜に　とまる鞠かな」

「十五夜の月の出るを待ちかねて　ともしかけたる芋殻松明」と歌う。

「小歌吉利」では、

「奥山の沢の出口に牝獅子居た　なんとかなしでおびき出さはよ　おびき出さはよ」

「南無薬師尋ねる妻に逢わせられ　綾のみ戸帳を　かけて参らしょ　かけて参らしょ」と歌う。

花が出て「遠乗りの座」では、

「夜来て夜来て夜戻る　遠乗り茶鞍はよい茶鞍」と歌う。

三頭の獅子は花笠の周りで頭を左右に振りながら踊る。前獅子と後獅子は女獅子を取り合う。花が退く。

「中吉利」では、横一列で足踏みしながら頭を振る。

「風吹けばかかる霞も吹き払い　ここで牝獅子に　会うぞ嬉しや　会うぞ嬉しや」

「駒の吉利」では、獅子三頭はそれぞれ踊る。

「京で六りょの駒を見し　伏せや起こせや　駒の折膝　駒の折膝」

「後吉利」では、横一列で足踏みし頭を左右に振る。

「白銀の遺堵の障子を後へ引く　それを見真似に　後へ控えな　後へ控えな」

「社吉利」で膝をついて礼をする。

「国久保」と「山がかり」では、ともに女獅子がいなくなり、女獅子を取り合う内容を含むが、

「風吹けばかかる霞も吹き払い　ここで牝獅子に　会うぞ嬉しや　会うぞ嬉しや」

は共通しているが、それ以外の歌は異なり、演目に伴う歌になっている。


続いて「日本がかり」をみていく。

「入羽」「初吉利」「庭見」、「前見」と続く。

「京でごかんの唐絵の屏風　一重にさらりと　立や廻した　立や廻した」

時計回りに廻り横一列になる。「居眠り」「嬉戯」になる。

座って両手をついて伏せる。動き出して、左右のバチを交互に上げる。

「歌吉利」で、膝をついて、前を向き、横を向きバチを地面につけるなどする。

「朝日さす夕日輝くその下に　黄金造りの　お宮たちそうろう」

「この宮は天から下がりてお立ちある　黄金造りの　お宮輝く　黄金造りの　お宮輝く」

「中立ちの打つや太鼓に花咲いて　花を散らさで　遊べ中立ち　花を散らさで　遊べ中立ち」

が歌われる。

「飛躍の座」「花見世の座」で花が出て、前獅子と後獅子が女獅子を取り合う。

横一列で、「中吉利」になり、

「白鷺があとを見かねて立ちかねて　水をならさで　立つや白鷺　立つや白鷺」

「雀の吉利」で、横一列で、

「天神様の群ら群ら雀　羽を揃いて　羽をかわいせ　羽をかわいせ」となる。

「後吉利」になり、

「斯国で雨が降るげで雲が立つ　お暇申して　花の都へ　花の都へ」

が歌われ、最後に「社吉利」で座って礼をして終わる。

最後の「日本がかり」は、花の周りで牝獅子を取り合う場面があるが、そのことに関わる歌は歌われない。

秋田の「ささら」と比較すると、「国久保」「山がかり」「日本がかり」では、歌が共通するものもあるが、全体的にこの獅子舞独自の歌が比較的多くみられる。それと注目すべきは、「日本がかり」の「居眠り」では、秋田の「白岩ささら」などの「踞《ねまり》」と類似した点がみられることである。


最後に、儀礼や悪魔祓いに関わる歌を取り上げる。

最初に粕田獅子舞の角もぎの謡についてみる。

「ししの子は　ヤエー　生まれて落ちれば頭フル　嵐にもまれて　角もげた」とある。

国見ささらの「獅子納め」では、

「唐獅子は世界の悪魔を従えて　此処の館で幕を切り候」である。

戸沢ささらの「宿入れ」と「獅子納め」についてみる。

「獅子納め」の歌は、

「此の獅子は鹿島の神より貰い受け　幕も附けて今ぞ喜ぶ」

「関東の宇都宮より来る獅子　今こそ心うれしかりけれ」

「唐獅子は　何処の宮より来る獅子　悪魔も払うて　末ぞ楽しき」である。

「獅子納め」は、

「唐獅子は世界の悪魔を従えて　此処の館で幕を切り候」

「燕は　これの舘に巣をかけて　羽を振る度　米は降り候」

「唐獅子を脱ぎて　納むる心こそ　又来る年の加護となるなり」である。

東京都奥多摩町の大氷川の獅子舞では、最後の演目である「白刃」の歌は、

「この獅子は　いかなる獅子と思召す　悪魔をはらいし獅子なれば　世国の人につのをもがれそ」である。

同じ奥多摩町の小留浦の獅子舞の「白刃」の歌は、

「この獅子は　如何なる獅子と　思召す　悪魔を払う獅子なれば　余りせごくの　角がもがれそ」である。

埼玉県の悪魔払いの獅子の歌（注6）は、奥多摩町の歌と共通している。

所沢市中氷川神社の獅子舞では、

「この獅子は悪魔を払う獅子なれば　下馬も恐れて角がもげそう」である。

飯能市諏訪前の諏訪八幡の獅子舞では、

「この獅子は悪魔を払う獅子なれど　天に恐れて角がもげそう」である。

秋田の「粕田獅子舞」では、角もぎの儀礼で歌われる歌があるが、その内容が、奥多摩町の「白刃」で歌われる歌、埼玉県の悪魔払いで歌われる歌と類似していることも注目すべきことである。秋田県に近い青森県の獅子舞でも角もぎの儀礼があることなどを考えると、儀礼と歌の内容が対応していると考えられる。

国見ささらと戸沢ささらの「獅子納め」の歌は、ともに、

「唐獅子は世界の悪魔を従えて　此処の館で幕を切り候」

であり、「角をもぐ」のではなく、獅子頭の「幕を切る」であるが、儀礼の最後に行われ、共通した機能があると

考えてよい。

ここまで、茨城県の獅子舞についてみることはなかったが、現在伝承されている獅子舞では歌が数多く歌われることがなかったためである。しかし、墨書があり最も時代が遡れるのは、「永正十四年丁丑六月」（一五一七年）の常陸大宮市の甲神社《かぶと》所蔵の獅子頭である（注7）。

注

1 『中仙町史　文化財編』（中仙町　平成元年）
2 『上田市誌　文化財編』（上田市　平成十一年）
3 『埼玉の獅子舞』（埼玉県教育委員会　昭和四十五年）
4 注3書
5 注3書
6 注3書
7 『芸能絵巻―舞い踊り囃す―』特別展図録（埼玉県立歴史と民俗の博物館　平成十八年）

おわりに

この本で対象の獅子舞は、昭和三十年代以降伝承が中断した団体も多かった。しかし、その後、再開して始めた団体が少なからずある。

ただ、再開後の芸能の内容が、中断前と変化していることがある。変化する前の内容を知ることが重要である。特に、この本で中心に論じた歌については、変化が著しかった。

そのために必要なことは、これまで刊行されてきた資料を精査することである。その時に一番重要なものは、芸能を伝承してきた団体が作成した資料であり、その団体がある自治体が調査刊行した調査報告書である。当然、これまで各地で刊行されてきた自治体史も含まれる。

それに、この分野での先人の著作物も大変に重要であった。埼玉県では倉林正次氏の『埼玉県民俗芸能誌』（一九七〇年　錦正社）、栃木県では、尾島利雄氏の『栃木県民俗芸能誌』（一九七三年　錦正社）であり、東京では本田安次氏の『東京都民俗芸能誌』（一九八四年　錦正社）である。

それに、古野清人氏の『古野清人著作集6　日本の宗教民俗』（一九七三年　三一書房）である。古野氏の調査は戦前の調査であり、歌われなくなっている歌も掲載していると考えられるからである。

この本をまとめるに当たっては、これまで四十年近くの筆者の調査で多くの方々にお世話になっている。

そして、コロナにより調査が出来ないで、写真を掲載できなかった獅子舞もある。しかし、秋田県の「東長野ささら」は調査が出来なかったが、写真を提供していただいた。東長野ささら保存会事務局の高橋朋之氏には大変お世話になり、お礼を申し上げます。

最後に、内田幸彦氏には、未完成の原稿に目を通していただき、間違いを訂正出来たことを感謝している。

著者プロフィール

飯塚 好（いいづか みよし）

1948年、埼玉県本庄市に生まれる。
埼玉大学教養学部文化人類学専攻。
埼玉県立の博物館、資料館などに在籍、平成19年退職。
主に、民俗芸能、都市祭礼、年中行事などを中心に研究を進め、論考を発表。

著書
『山村の民俗誌』（近代文芸社、1993年）
『三頭立て獅子舞　歴史と伝承』（おうふう、2013年）
『正月・盆の民俗　―埼玉・群馬からみる―』（おうふう、2015年）
『秩父山間の歴史民俗　―生活・仕事・祭り―』（埼玉新聞社、2018年）

三頭立て獅子舞　その歌と芸能の世界

2021年3月15日　初版第1刷発行

著　者　飯塚 好
発行者　瓜谷 綱延
発行所　株式会社文芸社
〒160-0022　東京都新宿区新宿1－10－1
電話　03-5369-3060（代表）
03-5369-2299（販売）

印刷所　株式会社フクイン

ISBN978-4-286-22368-1